Rechtschreibung für Eltern
So unterstützen Sie Ihr Kind!

Kirstin Diemer
Friederike Pronold-Günthner
Christian Stang (Hrsg.)

Klett Lerntraining

Bildquellennachweis

S. 6 Christian Stang (Foto: Julia Knorr); S. 8 Dr. Frederike Pronold-Günthner; S. 9 Kirstin Diemer; S. 10 Thinkstock (Wavebreakmedia), München; S. 12 Thinkstock (Anderssen Ross), München; S. 16 fotolia (© Christian Schwier – Fotolia.com), New York; S. 25.1 Thinkstock (anna1311), München; S. 25.2 Thinkstock (VvoeVale), München; S. 56 istock (monkeybusinessimages), Calgary, Alberta; S. 84 Thinkstock (Stockbyte), München; S. 88 Klett Archiv; S. 92 Thinkstock (Wavebreakmedia Ltd), München; S. 94 fotolia (fotolia LLC), New York; S. 118 fotolia (fotolia LLC), New York; S. 142 fotolia (fotolia LLC), New York; S. 150 fotolia (fotolia LLC), New York; S. 162 fotolia (fotolia LLC), New York; S. 170 fotolia (fotolia LLC), New York; S. 192 Thinkstock (Comstock Images), München

Bibliografische Information der Deutschen Nationalbibliothek
Die Deutsche Nationalbibliothek verzeichnet diese Publikation in der
Deutschen Nationalbibliografie; detaillierte bibliografische Daten
sind im Internet über http://dnb.dnb.de abrufbar.

Auflage 3 2 | 2017 2016 2015
Die letzten Zahlen bezeichnen jeweils die Auflage und das Jahr des Druckes.

www.klett-lerntraining.de
Umschlagfoto: Corbis (Brooke Auchincloss/Onoky), Düsseldorf; istock (chas53), Calgary, Alberta
Projekt und Konzeption: Christine Sämann
Umschlaggestaltung und Innenlayout: Sabine Kaufmann, Stuttgart
Satz und Grafik: DOPPELPUNKT, Stuttgart
Druck: Grafisches Centrum Cuno GmbH & Co. KG, Calbe (Saale)
Printed in Germany
ISBN 978-3-12-926092-0

Theorie und Praxis des Rechtschreiberwerbs   11

Rechtschreibregeln verstehen 93

Schnell kapiert – das Wichtigste auf einen Blick!

Arbeitsblätter und Glossar 193

Rechtschreibung für Eltern

Was Sie wissen sollten, um Ihr Kind zu unterstützen!

Ihr Schulanfänger schreibt „Di Oile at file Fedrn" und Sie wissen nicht, ob Sie die Fehler verbessern sollen? Sie sind erstaunt darüber, wie heutzutage Rechtschreibung in der Schule unterrichtet wird und suchen einen Überblick über die gängigen Methoden?

Ihr Kind ist kein Schreibanfänger mehr, macht aber immer noch viele Rechtschreibfehler? Sie möchten ihm helfen, wissen aber nicht wie?

Dann ist dieses Buch genau richtig für Sie!

Sie müssen nicht gleich in die Fußstapfen unseres bekannten Herausgebers Christian Stang treten oder genauso ein Rechtschreibfan werden wie unsere Autorinnen Dr. Friederike Pronold-Günthner und Kirstin Diemer, um Ihrem Kind bei der korrekten Rechtschreibung zu helfen.

Dieses Buch erklärt Ihnen die Regeln der deutschen Rechtschreibung so, wie Ihre Kinder sie heute lernen.

Lesen Sie im ersten Teil unseres Ratgebers alles Wissenswerte über grundsätzliche Methoden des modernen Rechtschreiberwerbs an unseren Schulen. Wir führen Sie dabei jeweils durch die konkreten Themen der einzelnen Schulklassen. Sie finden hier auch immer wieder Verweise auf unser kostenloses Extra:

Online auf unserer Webseite www.klett-lerntraining.de finden Sie Arbeitsblätter, die Sie sich ausdrucken können, um sie gemeinsam mit Ihrem Kind zu bearbeiten – jeweils passend zu den verschiedenen Schuljahren und den Themen dieses Ratgebers.

Im zweiten Teil haben wir für Sie die gesamte Regelübersicht der deutschen Rechtschreibung dargestellt und mit vielen Beispielen anschaulich erklärt.

Der dritte Teil beschreibt genau, wie Sie mit den Online-Arbeitsblättern umgehen können. Außerdem finden Sie hier ein umfangreiches Glossar sowie weiterführende Literaturhinweise.

Wir wünschen Ihnen viel Erfolg und Freude dabei, mit diesem Ratgeber die Wege der deutschen Rechtschreibung zu beschreiten.

Ihre Redaktion Klett Lerntraining

Der Herausgeber
Christian Stang

Christian Stang wuchs in Regensburg auf und besuchte die Realschule. Nach dem Schulabschluss führte ihn sein Weg zur Deutschen Post. Obwohl er kein Abitur und keinen akademischen Abschluss hat, ist er heute der angesehenste Rechtschreibexperte Deutschlands.

Wie es dazu kam, kann Christian Stang selbst nicht richtig erklären. Schon in seiner frühen Schulzeit war er von der deutschen Sprache fasziniert. Während seine Mitschüler Comics, Zeitschriften, Kinder- und Jugendromane verschlangen, vertiefte er sich lieber in Ratgeber über Grammatik und Rechtschreibung.

„Auf meinem Wunschzettel zum Geburtstag stand der Duden, und mit etwa 15 Jahren fing ich an, Sprachzeitschriften wie die ‚Muttersprache' zu lesen." Auch mit Beginn seiner Ausbildung bei der Post endete diese Leidenschaft nicht. Seine Freizeit nach Feierabend gehörte weiterhin den orthografischen Feinheiten des Deutschen. Mit 16 Jahren fand er in einem Rechtschreibratgeber mehrere Fehler. Er schrieb beherzt an den Verlag – und dieser bot ihm an, bei der Neuauflage mitzuarbeiten.

Christian Stangs Karriere als Verfasser von Rechtschreibbüchern begann; mittlerweile hat er an über 30 Titeln mitgearbeitet oder diese selbst verfasst, unter anderem auch für den Duden-Verlag. Der „Rechtschreibpapst" ist sogar bei der Herausgabe der Gesammelten Schriften des ehemaligen Papstes Benedikt XVI. mit von der Partie, wenn es um besonders knifflige Zweifelsfälle der deutschen Orthografie geht.

Inzwischen wurde Christian Stang an die Universität Regensburg abgeordnet. Dort hat er ein Büro am Zentrum für Sprache und Kommunikation bezogen und hält unter anderem Rechtschreibworkshops für Studierende und Sekretärinnen. 2011 erhielt er für seine Verdienste um die deutsche Sprache die Verdienstmedaille des Verdienstordens der Bundesrepublik Deutschland.

Lesen Sie auf der folgenden Seite, was Christian Stang bewogen hat, die Herausgeberschaft für dieses Buch zu übernehmen.

Christian Stang im Interview

Lieber Herr Stang, man kennt Sie als Verfasser von Regelwerken zur Rechtschreibung. Nun haben Sie die Herausgeberschaft für ein Buch für Eltern übernommen. Was hat Sie dazu bewogen?

CS Als der Verlag auf mich mit dieser Bitte zukam, war ich gleich sehr angetan von der Idee. Ich finde es schade, dass es vielen Kindern und Jugendlichen so schwerfällt, richtig zu schreiben. Ich denke, es ist wichtig, dass sich Eltern mit dem Thema Rechtschreibung beschäftigen und ihre Kinder dabei unterstützen, richtig schreiben zu lernen. Schließlich ist unsere Orthografie nicht nur ein Kulturgut, sondern auch eine wichtige Schlüsselkompetenz für den ganzen Lebensweg.

Wie meinen Sie das?

CS Ein Bewerbungsschreiben zum Beispiel ist doch ein Aushängeschild für die eigene Person und sollte zum Türöffner für die berufliche Laufbahn werden. Wenn es dann darin nur so von Fehlern strotzt – das macht ja keinen besonders tollen Eindruck.

Aber genügt es denn nicht, wenn in der Schule Rechtschreibung unterrichtet wird?

CS Es ist nun einfach so, dass Eltern im Alltag oft mit ihren Kindern lernen oder Schulstoff nacharbeiten, auch Rechtschreibregeln. Da schadet es nicht, wenn Eltern didaktische Hinweise an die Hand bekommen, was in welchem Alter für ihr Kind dran ist und wie sie es am besten unterstützen können, so wie dies Frau Dr. Pronold-Günthner in diesem Buch macht.

Sind Sie ein Missionar in Sachen Rechtschreibung?

CS (lacht) Na ja, Missionar ist wohl etwas übertrieben. Ich renne jetzt nicht mit meinen Rechtschreibbüchern durch die Stadt und ermahne jeden zur richtigen Orthografie! Ich mag es generell nicht, wenn man zu verbissen eine Sache verfolgt, sondern bin eher ein humorvoller Mensch und versuche daher beispielsweise auch in meinen Workshops, das ganze Thema ein bisschen mit Spaß anzugehen. Daher freut es mich auch, dass Frau Diemer die Regelübersichten in diesem Buch mit flotter Feder formuliert hat – und letztlich hoffe ich auch immer, durch meinen eigenen Werdegang ein bisschen Mut zu machen. So schrecklich kompliziert ist die deutsche Rechtschreibung nun auch wieder nicht. Ich habe auch nicht studiert und bin dennoch gut in Rechtschreibung. Das können Eltern und Kinder auch schaffen!

Dr. Friederike Pronold-Günthner

Friederike Pronold-Günthner studierte Deutsch und weitere Fächer für das Lehramt an Hauptschulen und unterrichtete jahrelang an bayerischen Schulen.

Seit 2005 ist sie als wissenschaftliche Mitarbeiterin an der Universität Regensburg am Lehrstuhl für Didaktik der deutschen Sprache und Literatur tätig. In dieser Funktion beschäftigt sie sich intensiv mit den unterschiedlichen Ansätzen, wie Schüler heute Rechtschreibkompetenzen erwerben. Sie bildet Deutschlehrkräfte aller Schularten aus und besucht regelmäßig Studierende im Praxiseinsatz, wodurch sie Grund-, Haupt- und Realschulen kennenlernt und die Umsetzung sowie Auswirkungen der verschiedenen Methoden beobachten kann.

Friederike Pronold-Günthner hat den ersten Teil dieses Buches verfasst und gibt Ihnen, liebe Eltern, nicht nur einen Überblick über aktuelle Methoden und neueste wissenschaftliche Erkenntnisse, sondern auch wichtige Informationen zum Rechtschreiberwerb generell und wie Sie Ihr Kind dabei unterstützen können.

Friederike Pronold-Günthner hat eine Tochter im Grundschulalter, mit der sie alle Etappen des Rechtschreiberwerbs aus der Perspektive der Mutter erlebt.

Kirstin Diemer

Kirstin Diemer lebt in der Nähe von Frankfurt, ist Mutter zweier schulpflichtiger Kinder und eigentlich Diplom-Mathematikerin. Doch schon immer galt ihre große Leidenschaft der deutschen Rechtschreibung. Bereits seit 25 Jahren sammelt sie alle Duden-Werke und beschäftigt sich begeistert mit den Phänomenen der deutschen Rechtschreibung. 2012 gewann sie den Diktatwettbewerb „Frankfurt schreibt!" sowohl als Siegerin in der Kategorie Eltern als auch als Gesamtsiegerin und schnitt damit sogar besser als die teilnehmenden Lehrer ab. Nur wenige beherrschen die Regeln und Fallstricke der deutschen Rechtschreibung besser als sie.

Natürlich mussten sich die Wege zweier so enthusiastischer Rechtschreibfans wie Kirstin Diemer und Christian Stang früher oder später kreuzen, und eine fruchtbare Zusammenarbeit begann.

Von Kirstin Diemer stammt die Regelübersicht in diesem Buch – wie Sie lesen werden, durchaus frischer und unterhaltsamer verfasst, als Sie dies aus vergleichbaren Regelwerken sonst kennen.

Theorie und Praxis des Rechtschreiberwerbs

In diesem Kapitel lesen Sie

→ wie Wörter und Rechtschreibregeln dauerhaft in unserem Gehirn gespeichert werden

→ wie Ihr Kind in der Schule das Rechtschreiben erlernt, welche Methoden üblich sind und was deren Vor- und Nachteile sind

→ welche Bedeutung die Rechtschreibung für die Notengebung hat

→ wie Sie Ihr Kind beim Rechtschreiberwerb unterstützen können – in Klasse 1 und 2 und später

Wie Wörter und Rechtschreibregeln in unser Gehirn kommen

Um Ihr Kind wirklich nachhaltig unterstützen zu können, müssen Sie die Prozesse kennen, die beim Rechtschreiblernen im Gehirn ablaufen.

Die Wortbildtheorie – längst überholt

Lange Zeit hat die sogenannte Wortbildtheorie den Rechtschreibunterricht bestimmt. Obwohl man seit den 1980er-Jahren weiß, dass diese falsch ist, erweist sie sich leider als sehr zäh und langlebig. Sie selbst haben vielleicht das Konzept der Wortbildtheorie noch am eigenen Leib erfahren: Damals ging man davon aus, dass sich das Kind die Schreibung eines Wortes als Ganzheit einprägt. Daher müssen Rechtschreibfehler von Anfang an vermieden werden, damit sie nicht im Gehirn falsch abgespeichert werden. Das bedeutete für den Anfangsunterricht, dass die Schülerinnen und Schüler vielfältige Übungen zum Abschreiben von Wörtern bekamen sowie Nachschriften geschrieben wurden, um einen ersten orthografisch richtigen Wortschatz aufzubauen. Die Kinder durften oft erst ab der 3. Klasse eigene Texte schreiben, da ansonsten die Gefahr von zu vielen falschen Schreibungen zu groß gewesen wäre – so dachte man zumindest. Bei der Korrektur gingen manche Lehrer sogar so weit, Fehlschreibungen zu überkleben, damit die Kinder die falsche Schreibung nicht mehr sahen. Typische Verbesserungsaufgaben bestanden darin, fehlerhafte Wörter zehnmal richtig zu schreiben.

Wenn die Wortbildtheorie richtig wäre, hieße das jedoch, dass Kinder, die schon vor Schulbeginn durch die Auseinandersetzung mit Schriftsprache das Schreiben lernen, immer richtig schreiben müssten, da sie in ihrer Umgebung den Wörtern ja – meist – in richtiger Schreibung begegnen. Doch auch bei diesen sogenannten Spontanschreibern kommt es zu typischen Fehlschreibungen – was gegen die Wortbildtheorie spricht.

Nach neuesten Erkenntnissen lässt sich der Rechtschreiberwerb vielmehr verschiedenen Entwicklungsstufen zuordnen, er kann also als Denkentwicklung interpretiert werden.

Zwei Speicher im Gehirn

Man nimmt heute an, dass der Rechtschreiberwerb im Gehirn über zwei Speicherarten geregelt wird: das innere orthografische Lexikon und den Regelspeicher. Das **innere orthografische Lexikon** können Sie sich dabei als Wortspeicher vorstellen, in dem vor allem häufig auftretende oder subjektiv bedeutsame Wörter zu finden sind. Experimente haben gezeigt, dass dort nicht nur ein visuelles Abbild der Wortgestalt abgespeichert ist, sondern auch Informationen rund um das Wort, wie z. B. die Wortbedeutung, schreibmotorische Merkmale, akustische Informationen oder die emotionale Besetzung des Wortes. Dabei wird die Schreibung eines Wortes umso effektiver erlernt, je mehr Informationen zu diesem Begriff zur Verfügung stehen. Vielleicht kennen Sie dieses Vorgehen von sich selbst: Sind Sie gerade unsicher, wie sich ein Wort schreibt, notieren Sie mehrere Varianten auf einem Blatt Papier. Sobald Sie das Niedergeschriebene vor sich haben, wissen Sie plötzlich, wie das Wort richtig geschrieben wird. Im Gehirn erfolgt also ein Abgleich mit Einträgen aus Ihrem inneren orthografischen Lexikon.

Da es jedoch unmöglich ist, sich die Schreibung jedes einzelnen Wortes einzuprägen, benötigt man weiteres Wissen, das nicht an spezielle Wörter gebunden ist und dabei hilft, sich die Schreibung von unbekannten Wörtern zu erschließen. Deshalb geht man von einem zweiten, sogenannten **Regelspeicher** aus,

in dem jeder Schreiber eigene Annahmen zur Schreibung von Wörtern abgespeichert hat. Der Haken: Dieser Regelspeicher ist gerade zu Beginn des Rechtschreiblernens nicht identisch mit den offiziellen Regeln, sondern jedes Kind konstruiert, wenn es schreibt, Eigenregeln zur Schreibung von Wörtern. Aufgabe des Unterrichts ist es nun, diese Eigenregeln in die geltenden orthografischen Regeln zu überführen. Daher ist auch das freie Schreiben eigener Texte von Beginn an sehr wichtig, damit das Kind zum eigenständigen Konstruieren von Wörtern herausgefordert wird. Nur so kann es Regelhaftigkeiten entdecken und sich der orthografischen Norm annähern.

Interessantes aus der Wissenschaft: Lesen und Rechtschreibung

Eltern von Kindern mit Rechtschreibschwierigkeiten erhalten immer wieder die Empfehlung, mehr mit ihrem Kind zu lesen. Damit würde sich auch automatisch die Rechtschreibung verbessern. Ist dies wirklich so?

Hier gibt die Wissenschaft eine klare Antwort: Rechtschreiben kann nur durch Schreiben trainiert werden, nicht durch Lesen. So bewies u. a. die DESI-Studie 2003/04, dass zwischen Lesen und Rechtschreiben so gut wie kein Zusammenhang nachweisbar ist. Auch waren die 10 % der schwächsten Leser in dieser Studie nur zu einem geringen Teil identisch mit den 10 % der schwächsten Rechtschreiber. Die Aufmerksamkeit beim Lesen liegt wohl auf dem Inhalt und nicht auf orthografischen Aspekten, so dass der visuelle Kanal beim Lesen nicht ausreicht, um orthografisch korrekte Wortformen im Langzeitgedächtnis abzuspeichern.

Trotzdem sollten Sie Ihr Kind natürlich zum Lesen motivieren bzw. gerade auch mit jüngeren Kindern gemeinsam lesen, denn die Bedeutung des Lesens für die Erweiterung des Wortschatzes, die Steigerung der Sprachbewusstheit und die förderlichen Auswirkungen auf die eigene Textproduktion ist unbestritten.

Wie funktioniert nun das Erlernen der Rechtschreibung im Einzelnen?

Stufen des Schriftspracherwerbs

Aufgrund zahlreicher Untersuchungen wissen wir heute, dass der Schriftspracherwerb als Abfolge einzelner Entwicklungsstufen zu sehen ist. Diese zeichnen sich jeweils durch dominante Schreibungen bzw. die Auseinandersetzung mit einzelnen Strategien der Rechtschreibung aus.

Oft beginnt der Schriftspracherwerb schon mit vier bis fünf Jahren, also vor der Schule, wenn das Kind eigenständig erste „Mitteilungen" aufs Papier bringt, indem es z. B. einzelne Buchstaben oder Wörter „abmalt". In dieser sogenannten **logographemischen Phase** ist dem Kind aber noch nicht bewusst, dass ein Zusammenhang zwischen den Lauten eines Wortes und den Buchstaben besteht. Das Wort wird vielmehr wie ein Bild abgemalt. Besonders oft schreiben Kinder in dieser Phase den eigenen Namen, wobei sie sich das Wortbild häufig über kleine Eselsbrücken einprägen. Beispiel: UTE – „Ich male eine Schüssel, einen Tisch und einen Kamm."

Wenn das Kind einen Zusammenhang zwischen den Lauten und Buchstaben entdeckt, hat es den Übergang zur **alphabetischen Stufe** geschafft. Diese Phase ist am Anfang durch die sogenannte Skelettschreibung gekennzeichnet. Das bedeutet, dass nur einzelne, auffällige Laute (meist Konsonanten) des Wortes ver-

schriftet werden, z. B. „TG" für „Tiger". Mithilfe von gedehntem Sprechen gelingt es dem Kind nach und nach, alle Laute herauszuhören und in Buchstaben umzusetzen. Da es im Deutschen jedoch keine eindeutige Zuordnung von Lauten zu Buchstaben(folgen) gibt, entstehen in dieser Phase viele orthografische Fehler, z. B. „SCHPILN" für „spielen".

Die Kinder werden nun zum Nachdenken über Schreibungen und Ableiten von Regelhaftigkeiten angeregt, indem sie ihre eigene Schreibweise mit der Normalschreibung in Büchern und anderen Texten vergleichen sollen. Erkennen Kinder orthografische Strukturen und wenden diese bei eigenen Schreibungen an, befinden sie sich auf der **orthografischen Stufe**. Gerade am Anfang, wenn neue Regelhaftigkeiten entdeckt werden, kommt es noch häufig zu Übergeneralisierungen. Das bedeutet, die Schüler wenden die neue Regel bei Fällen an, wo sie überhaupt nicht passt. So hat ein Kind z. B. gelernt, dass die Vorsilben „ver-" und „vor-" mit „v" geschrieben werden, und schreibt deshalb „vertig" für „fertig".

Dass in jeder Phase Fehler entstehen, ist normal und ein notwendiger Entwicklungsschritt, der nicht als Defizit anzusehen ist. Fehler zeigen an, auf welchem Entwicklungsstand sich das Kind befindet, und eine erfahrene Lehrkraft kann dies als Ansatzpunkt für angemessene Förderangebote nutzen, um den Schülern das Fortschreiten zur nächsten Entwicklungsstufe zu ermöglichen.

Der Rechtschreiberwerb
in der Schule

Der Schriftspracherwerb in der 1./2. Klasse

Wenn Ihr Kind gerade das Schreiben erlernt, werden Sie die Diskussion in den Medien, welche Methode dafür die geeignetste ist, sicherlich sehr aufmerksam verfolgen. Mit großer Regelmäßigkeit berichten bekannte Zeitungen, Zeitschriften und Fernsehmagazine von der „Recht Schreip-Katerstrofe" (Der Spiegel, 25/2013). Da diese Berichterstattung jedoch oft die Methodenvielfalt beim Schriftspracherwerb unerwähnt lässt – neben der viel kritisierten Methode „Lesen durch Schreiben" gibt es nämlich noch zahlreiche andere –, sollten Sie zunächst herausfinden, nach welchem Konzept Ihr Kind eigentlich unterrichtet wird. Am einfachsten fragen Sie bei der Lehrerin oder dem Lehrer nach. Jede Methode hat ihre Vor- und Nachteile. Wir stellen Sie Ihnen nun knapp vor.

Das Reichen-Konzept:
Lesen durch Schreiben

Beginnen wir gleich mit dem stark in die Kritik geratenen Konzept „Lesen durch Schreiben" des Schweizer Reformpädagogen Jürgen Reichen. Im Zentrum dieser Methode steht eine Anlauttabelle. Sie zeigt die verschiedenen Laute unserer Sprache mit einem Anlaut-Bild und den dazugehörigen Buchstaben, also z.B. eine Maus für den Anlaut /m/ bzw. den Buchstaben M/m. Von der ersten Schulstunde an sollen die Kinder mithilfe dieser Tabelle eigenständig Wörter konstruieren. Die große Schwierigkeit besteht dabei im sogenannten Auflautieren der Wörter, d. h. der Fähigkeit, alle Laute eines Wortes herauszuhören, die ja oft nicht oder anders ausgesprochen werden – denken Sie etwa an das zweite e in *lesen*. Hinzu kommt das Problem, dass im Deutschen die Zuordnung von Lauten zu Buchstaben nicht eindeutig ist. Ein Beispiel: Der Laut /f/ kann sowohl mit einem *f* als auch mit einem *v* und bei Fremdwörtern sogar mit *ph* verschriftet werden.

Beim Reichen-Konzept wird nur Wert darauf gelegt, dass alle hörbaren Laute in Buchstaben(folgen) umgesetzt werden, also so geschrieben wird, wie man spricht. Auf eine systematische Einführung von Buchstaben und Lesenlernen wird verzichtet, auch Verwechslungen von Groß- und Kleinbuchstaben oder sogar fehlende Wortzwischenräume bleiben bis zur 2. Klasse unkorrigiert. Am Anfang schreiben die Kinder also eigene Texte, die sie gar nicht lesen können. Der kommunikative Aspekt von Schreiben bleibt damit ungenutzt, da ein Vorlesen bzw. ein Austausch über die Texte nicht möglich ist. Hinzu kommt, dass für den Aufbau des Regelspeichers (vgl. S. 14) die Auseinandersetzung mit richtig geschriebenen Texten fehlt. Nicht zuletzt werden Prinzipien wie „Vom Einfachen zum Schwierigen" außer Acht gelassen. Jeder Schüler, jede Schülerin lernt selbstständig und individuell – aufbauend auf den eigenen Lernvoraussetzungen.

Darin kann man auch einen Vorteil dieses Konzepts sehen: Kinder, die bereits Vorerfahrungen mit Schreiben und Lesen mitbringen, werden in ihrer Entwicklung nicht gebremst, sondern können von Anfang an mit allen Buchstaben schreiben. Schwächere Schülerinnen und Schüler sind jedoch in der Regel von so viel Offenheit überfordert. Sie benötigen eine stärkere systematische Unterstützung beim Erlernen der Buchstaben und beim richtigen Auflautieren der Wörter. Eine gezielte Auseinandersetzung mit den Regelhaftigkeiten der deutschen Sprache beginnt nach diesem Konzept meist erst ab der 3. Klasse.

Der Spracherfahrungsansatz

Ein ebenfalls offenes Konzept stellt der Spracherfahrungsansatz dar. Er geht davon aus, dass Kinder Lesen und Schreiben durch eine aktive Auseinandersetzung mit der Schriftsprache erlernen. Auch bei diesem Ansatz spielt das freie Schreiben mithilfe der Anlauttabelle eine wichtige Rolle. Hinzu kommt aber die Arbeit am „Buchstaben der Woche" sowie der Aufbau und die Sicherung eines Grundwortschatzes, aus dem die Schüler erste Rechtschreibregeln ableiten. Darüber hinaus lernen die Kinder das Lesen mit unterschiedlich schwierigen Lesematerialien, aus denen sie je nach Lesefähigkeit auswählen.
Für den Spracherfahrungsansatz existiert ein breites Materialangebot, das eine individuelle Lernentwicklung ermöglicht

und, wie das Reichen-Konzept, die Vorerfahrungen der Schülerinnen und Schüler nutzt. In den ersten beiden Schuljahren werden Fehlschreibungen toleriert, wenn auch nicht in dem Maße wie bei Reichen. Gerade bei freien Texten, die z. B. in einem Geschichtenbuch „veröffentlicht" werden, wird auf richtige Schreibung geachtet. Das kann dann so aussehen, dass die Lehrerin unter den Schülertext noch eine „Übersetzung in Erwachsenenschrift" setzt.

Lesen und Schreiben mit der Fibel

Im Kontrast zu den oben angeführten offenen Konzepten steht der Erwerb der Schriftsprache mithilfe der Fibel: Die Buchstaben werden unter dem Prinzip „Vom Einfachen zum Schwierigen" eingeführt. Von Anfang an sind das Lesen- und Schreibenlernen miteinander verbunden. Parallel dazu wird großer Wert auf den Schreibvorgang selbst gelegt, d. h., Druckschrift- und Schreibschriftlehrgänge mit ihren Abschreibübungen kommen hinzu. Zentral beim Fibellehrgang ist das Prinzip der Fehlervermeidung, da sich die Kinder überwiegend mit Materialien in normgerechter Schreibweise auseinandersetzen. Jedoch werden bei freien Verschriftungen in der Anfangsphase Fehler ebenfalls toleriert.
Der Unterricht mit der Fibel zeichnet sich stark durch Phasen direkter Anleitung durch die Lehrerin oder den Lehrer sowie durch ein gleichschrittiges Vorgehen aus, d. h., alle Kinder lernen im gleichen

Tempo. Dies kommt gerade schwächeren Lernern zugute. Kinder, die jedoch schon mit guten Buchstabenkenntnissen und ersten Erfahrungen im Lesen und Schreiben in die Schule kommen, werden in ihrer Lernentwicklung ausgebremst, was sich negativ auf ihre Motivation auswirken kann.

Die silbenanalytische Methode

Im Gegensatz zum Fibelkonzept betont diese relativ neue Methode die Tatsache, dass wir eigentlich nicht in einzelnen Lauten oder Wörtern sprechen, sondern in rhythmischen Einheiten, den Silben. Die Laute im Deutschen hören sich nämlich je nach ihrer Position im Wort unterschiedlich an. Vergleichen Sie selbst: Sprechen Sie die Wörter *lesen* und *Retter* so aus, wie Sie es auch in einer normalen Unterhaltung tun würden. Achten Sie jeweils auf den Buchstaben *e*: Er wird viermal anders ausgesprochen, je nachdem, wo im Wort er sich befindet (erste oder zweite Silbe) oder um welche Silbenstruktur es sich handelt (offene oder geschlossene Silbe, siehe S. 29).

Bei der silbenanalytischen Methode stehen also nicht Laute und Buchstaben im Mittelpunkt, sondern die Silben eines Wortes: Wie sind Silben aufgebaut? Wodurch unterscheiden sich Laute in betonten/unbetonten Silben? usw. Von Anfang an arbeiten die Schüler dabei mit Silbenhäusern (siehe S. 38), die Ihnen wichtige Einsichten in die Regelmäßigkeiten der deutschen Orthografie vermitteln. Die einzelnen Buchstaben werden in diesem Konzept nur als Baustein in der Silbe betrachtet. Daher sucht man auch eine Anlauttabelle vergebens, obwohl die Kinder im Rahmen freien Schreibens ebenfalls erste Texte verfassen. Die Schülerinnen und Schüler werden dabei von Anfang an zum Überprüfen ihrer eigenen Texte angehalten.

Passend zum Schreiblehrgang gibt es Lesehefte, deren Wörter genau auf die Strukturen abgestimmt sind, die die Kinder zu dem jeweiligen Zeitpunkt bereits kennen. Lesetexte, die der Silbenmethode folgen, erkennen Sie sofort an der zweifarbigen Schreibung der Wörter, wodurch die einzelnen Silben hervorgehoben werden.

Welches Konzept ist nun das beste?

Die gute Nachricht gleich vorweg: Die meisten Kinder erlernen die Schriftsprache nach *jeder* Lehrmethode. Dennoch wurde natürlich der Frage nach dem besten Konzept in zahlreichen Studien nachgegangen. Dabei lassen sich einerseits Ergebnisse finden, die einen leichten Vorteil beim Fibelkonzept feststellen konnten. Andererseits gibt es genauso Befunde, bei denen Kinder, die nach offenen Konzepten (Lesen durch Schreiben, Spracherfahrungsansatz) unterrichtet wurden, bessere Rechtschreibleistungen erzielten. Zentral an diesen Erkenntnissen ist nur die Tatsache, dass sich bis zur 4. Klasse für durchschnittlich begabte Schüler keine bedeutsamen Unterschiede in den Lese- und Rechtschreibleistungen nachweisen lassen. Lernschwächere Schüler profitieren dagegen von stärker strukturierten Angeboten wie dem Fibellehrgang oder dem silbenanalytischen Konzept.

Viel entscheidender als die verwendete Methode ist jedoch die Lehrkraft: Unabhängig vom gewählten Konzept kommt es vor allem auf ihre bzw. seine Fähigkeit zur Strukturierung der Lerninhalte und das didaktische Geschick im Umgang mit Schülerfehlern an. Da offene Konzepte wie z.B. das Reichen-Konzept weniger Vorgaben für die Gestaltung des Unterrichts machen als z.B. die Fibelmethode, hängt die Qualität des Unterrichts hier stärker vom Engagement und dem Wissen der Lehrerin ab.

In der Regel wissen die Lehrer über die Stärken und Schwächen der einzelnen Methoden gut Bescheid. Daher findet man in den seltensten Fällen die oben vorgestellten Konzepte in Reinform im Unterricht umgesetzt. Vielmehr werden in den meisten Klassen Elemente aus den verschiedenen Methoden kombiniert, was sich auch als besonders effektiv erwiesen hat. Mit Ausnahme des Bundeslandes Hessen, das offenen Konzepten den Vorzug gibt, finden sich in den Lehrplänen keine verbindlichen Vorgaben, so dass die Entscheidung für die Methodik letztlich bei der Schule bzw. den einzelnen Lehrkräften liegt.

Konzepte des Schriftspracherwerbs im Überblick

	Lesen durch Schreiben	Spracherfahrungsansatz	Fibellehrgang	silbenanalytische Methode
Methodischer Ansatz beim Lesen und Schreiben	Annahme: Häufiges Schreiben führt automatisch zum Lesen, keine Leseübungen	Schriftspracherwerb durch vielfältigen Sprachgebrauch: z. B. freie Texte, Vorlesen, Aufbau eines Grundwortschatzes	enge Verbindung von Lese- und Schreiblehrgang	enge Verbindung von Lese- und Schreiblehrgang
Buchstabeneinführung	keine systematische Buchstabeneinführung, alle Buchstaben von Anfang an (Anlauttabelle)	Arbeit am „Buchstaben der Woche", freies Schreiben mit Anlauttabelle	systematische Buchstabeneinführung, Übungen für Schreibmotorik	Buchstaben werden nur als „Form" eingeführt, vor allem Arbeit an der Silbe
Lerntempo	Lerntempo freigestellt, individuelles Lernen	individuelle Lernentwicklung bestimmt Reihenfolge der Lerninhalte und Bearbeitungstempo	überwiegend gleichschrittiges Vorgehen	überwiegend gleichschrittiges Vorgehen
Umgang mit Fehlern	sehr toleranter Umgang mit Fehlern, lauttreue Verschriftung als dominantes Ziel	toleranter Umgang mit Fehlern, Richtigschreiben bei „Veröffentlichung"	Prinzip der Fehlervermeidung	Prinzip der Fehlervermeidung, rechtschriftliches Überarbeiten von Anfang an
Unterrichtsformen	Werkstattunterricht, individualisierte Arbeitsformen, Lehrer als Lernbeobachter	Wochenplanarbeit, freie Arbeit, Lehrer als Organisator und kritischer Begleiter der Lernprozesse	direkte Anleitung und Übungsphasen mit Einzel- und Partnerarbeit, lehrerzentrierter Unterricht	Kombination aus direkter Anleitung und entdeckendem Lernen an Silben

Wie Sie mit Fehlern in der 1./2. Klasse umgehen sollten

> *Da schtimt doch was nicht.*
>
> *Dea waserhan tut Sant machen.*
>
> *Ein fisch ist im Külschrank.*
>
> *Eine Tase hat füse.*
>
> *Dea Tosta tut ein fisch tosten.*

(Schülertext, Ende der 1. Klasse)

Stolz kommt Ihr Kind mit einem selbst geschriebenen Text nach Hause. Als Eltern sind Sie verunsichert, wie Sie reagieren sollen: Alle Rechtschreibfehler ignorieren und sich darüber freuen, dass der Text soweit verständlich ist und schon eine gewisse Länge aufweist? Oder aber das Kind auf die zahlreichen Fehler hinweisen und alles noch einmal gemeinsam richtig aufschreiben?

Wie Sie inzwischen wissen, gehören Fehler zum Lernprozess dazu. Sie zeigen auch an, was ein Kind bereits beherrscht und wo man bei der Förderung ansetzen kann. Besser ist es daher, Ihrem Kind erst einmal eine positive Rückmeldung zu geben und hervorzuheben, was es schon korrekt schreibt. In unserem Beispieltext beginnt der Schüler jeden Satz mit der Großschreibung und setzt den Punkt richtig. Auch werden die meisten Wörter bereits vollständig lauttreu verschriftet,

d. h., für jeden hörbaren Laut wird das dafür am häufigsten vorkommende Schriftzeichen richtig verwendet. Damit ist das Kind für die Entwicklungsstufe schon durchaus weit fortgeschritten. Allerdings ist es für Sie als Eltern sehr schwierig abzuschätzen, was genau Ihr Kind bis zu einer bestimmten Altersstufe können sollte. Hinzu kommt, dass Entwicklungsprozesse beim Rechtschreiberwerb unterschiedlich lange dauern können. Daher gibt Ihnen die Tabelle auf der nächsten Seite eine Hilfestellung, welche Phänomene Ihr Kind bis zum Ende der 2. Klasse weitestgehend sicher schreiben sollte. Diese Zusammenstellung ist auch durch die Lehrpläne der verschiedenen Bundesländer abgesichert. Es kann sein, dass Ihr Kind einige dieser Rechtschreibphänomene am Ende der 1. Klasse schon gut umsetzt, für andere aber noch die Zeit bis zum Ende der

2. Klasse benötigt. Was genau zu welchem Zeitpunkt beherrscht wird, hängt sowohl von der individuellen Entwicklung als auch davon ab, wie weit es im Unterricht schon thematisiert wurde.

Der Schüler, der den Text auf S. 22 geschrieben hat, müsste also bis zum Ende der 2. Klasse noch Sicherheit bei der Großschreibung von konkreten Nomen (z. B. *fisch*) erwerben und an den Fehlern beim vokalisierten /r/ (*dea – der*, siehe S. 27) und bei *st* im Anlaut (*schtimt – stimt*) arbeiten. Sonstige Fehler wie z. B. bei der Konsonantenverdopplung (*Tase*) oder bei der Auslautverhärtung (*Sant*) können ignoriert werden, da diese Schreibungen meist erst ab der 3. Klasse ausführlich thematisiert werden. Es ist wenig sinnvoll, mit dem Ausbau des Dachstuhls zu beginnen, wenn das Fundament eines Hauses noch nicht fest ist.

Wenn Sie bei Ihrem Kind noch Schwächen bei den genannten Phänomenen feststellen, finden Sie im folgenden Kapitel Informationen für die häusliche Unterstützung.

Das sollte Ihr Kind am Ende der 2. Klasse weitgehend sicher beherrschen	
Einhalten der Wortgrenzen, d. h. Setzen von Lücken zwischen einzelnen Wörtern	sollte spätestens Ende der 1. Klasse sicher umgesetzt werden
lauttreue Wörter vollständig verschriften	Tomate, Hase, bunt, rot
Großschreibung am Satzanfang und Setzung eines Punktes am Satzende	Das Haus ist klein.
Großschreibung von Nomen, die Dinge, Personen oder Tiere bezeichnen (Konkreta)	Haus, Kind, Kaninchen
phonologische Regelhaftigkeiten (*au, eu, ei, qu, st/sp* im Anlaut) in Wörtern richtig umsetzen	**Mau**s, **heu**te, **lei**se, **qu**aken, **St**ern, **Sp**echt
die Endungen *-en, -el, -er* korrekt verschriften	reis**en**, Flüg**el**, Leit**er**
korrekte Verschriftung des vokalisierten /r/ (hier wird /r/ nicht als Konsonant, sondern fast wie der Laut /a/ gesprochen)	Birne, Wort, Garten
Verschriftung des lang gesprochenen i-Lautes mit *ie*; einige Wörter wie *Tiger, Igel, ihn, ihm* als Ausnahmen kennen	L**ie**be, s**ie**gen

23

Rechtschreibstrategien für die 1./2. Klasse

Schreibanfänger müssen zu Beginn des Schriftspracherwerbs viele neue Anforderungen bewältigen. Dass dabei auch Schwierigkeiten auftreten, ist nicht ungewöhnlich. Wir möchten Ihnen deshalb Hilfestellungen für die häufigsten Rechtschreibprobleme in der 1./2. Klasse geben und Ihnen ein Gespür für die Probleme von Schreibanfängern vermitteln.

Die Tipps sind dabei als erste Rechtschreibstrategien zu verstehen, d. h. es sind Handlungsanweisungen, mit denen Ihr Kind zunehmend selbstständig ausgewählte Rechtschreibprobleme bewältigen kann.

Lauttreue Wörter richtig verschriften

Wie Sie im Kapitel „Wie Wörter und Rechtschreibregeln in unser Gehirn kommen" (S. 12) gelesen haben, ist die Verschriftung der sogenannten lauttreuen Wörter die Basis für das Rechtschreiben. Ungefähr 50 % der deutschen Wörter sind absolut lauttreu, d. h. wir können sie richtig schreiben, wenn wir alle Laute abhören und die dafür am häufigsten vorkommenden Buchstaben schreiben. Das hört sich für uns Erwachsene zunächst relativ einfach an, weswegen wir Schwierigkeiten der Kinder in diesem Bereich nur sehr schwer nachvollziehen können. Doch stellen Sie sich vor, Sie müssten beispielsweise einen Satz, der auf Isländisch gesprochen wurde, aufschreiben. Viele von uns hätten zunächst schon

Schwierigkeiten zu erkennen, wie viele Wörter der Satz überhaupt hat. Da die Laut-Schriftzeichen-Zuordnung im Isländischen auch etwas anders geregelt ist als im Deutschen – die Isländer haben mehr Buchstaben als wir – hätten wir darüber hinaus auch Probleme, die Laute eines Wortes zu verschriften. Bei Schreibanfängern kommt jedoch noch hinzu, dass sie sich von der Inhaltsseite eines Wortes (Baum: große Pflanze mit Blättern oder Nadeln) lösen müssen und plötzlich die Lautseite wahrnehmen (Ich höre drei Laute: /b/, /au/, /m/) und diese dann noch in korrekte Buchstaben umsetzen müssen.

Lauttreue Wörter: Rechtschreibsprache entwickeln

Damit Kinder lauttreue Wörter richtig schreiben, müssen sie zwei Fähigkeiten entwickeln: die sogenannte Rechtschreibsprache und das Wissen darüber, was die häufigste Verschriftung eines Lautes ist.

Rechtschreibsprache: Im Gegensatz zur Umgangssprache ist die Rechtschreibsprache eine besonders eng an die Buchstabenfolge eines Wortes angelehnte, deutlich in Silben gegliederte Aussprache der Wörter. Das Trainieren dieser Rechtschreibsprache ist für jedes Kind sinnvoll, besonders dort, wo auch Dialekt gesprochen wird.

Anfangs sollte die Rechtschreibsprache am schriftlich vorgegebenen Wort erarbeitet werden. Das Kind „erliest" also das Wort und macht sich dessen Bedeutung bewusst. Dabei wird unbewusst der umgangssprachliche Klang zugeordnet. An dieser Stelle setzt nun der Vergleich der vorgegebenen Buchstabenfolge mit der eigenen Artikulation an: Es wird überprüft, welche Lautnuancen des Wortes noch geschrieben werden und welche nicht. Wir Erwachsene hören z. B. manche Gleitlaute, die bei der Aussprache entstehen, gar nicht mehr, etwa den Gleitlaut /j/ in /feujer/ (*Feuer*). Macht man diese Übung regelmäßig mit einigen Wörtern, wird eine solide Grundlage für die lauttreue Verschriftung gelegt.

Verschriftung eines Lautes: Eng damit verbunden muss beim Kind ein Wissen darüber aufgebaut werden, was die übliche Verschriftung eines Lautes ist. In der Regel ist dies unkompliziert: Ich höre /k/ und schreibe k (Ausnahmeschreibungen wären c wie in *Clown* oder ck wie in *Druck*). Nur beim langen i-Laut muss man aufpassen: Hier ist die häufigste Verschriftung mit ie (Näheres dazu auf S. 28).

Achtung! Um möglichst schnell eine selbstverständliche Verbindung zwischen Sprechlaut und häufigster Schreibung aufzubauen, sollten Sie bei Lese- und Schreibübungen anfangs nur lauttreue Wörter verwenden. Eine Liste mit geeigneten lauttreuen Wörtern finden Sie im Online-Material Nr. 1.

Möchten Sie mit Wörtern arbeiten, die Besonderheiten aufweisen, sollten Sie diese kommentieren und dem Kind als Ausnahmeschreibung bewusst machen. Ein Beispiel: *schwer – mehr/leer*. Der langgesprochene e-Laut wird meist mit einfachem e geschrieben, es gibt jedoch Ausnahmen, wo er mit ee oder eh verschriftet wird.

Lautanalyse: einfache Übungen

Es gibt sehr einfach umzusetzende Übungen, wenn Sie Ihr Kind darin unterstützen wollen, Wörter in einzelne Laute zu zerlegen.

Sie brauchen dafür nur farbige Glassteine oder Perlen in zwei Farben sowie verschiedene Bildkarten (z. B. aus einem Memory-Spiel oder ausgedruckte ClipArts oder aus Zeitschriften ausgeschnittene Bilder).

Ihr Kind nimmt sich eine Bildkarte und spricht sich das darauf abgebildete Wort in Rechtschreibsprache vor. Für jeden gehörten Laut legt es einen Glasstein oder eine Perle hin.

Übungsbeispiel Tomate: Für dieses Wort legt das Kind also sechs Steine oder Perlen für die sechs Laute von *Tomate*:

Passen Sie hier bitte auf, dass /sch/, /ch/, /ck/, /au/, /eu/, /äu/, /ei/, /ie/, /pf/ als nur ein Laut gelten und daher auch nur jeweils eine Perle gelegt wird, also etwa für *Scheune* vier Perlen: /sch/, /eu/, /n/, /e/.

Bei dieser Übung sollten Sie keine Wörter mit Doppelkonsonanten (z. B. *Sonne*) verwenden, da diese ebenfalls nur als ein Laut zu hören sind, also nur eine Perle dafür zu legen wäre. Und noch ein ganz wichtiger Hinweis: Benennen Sie Buchstaben immer mit ihrem Lautwert, also z. B. /b/ statt /be/. Beim Wort *Bär* sprechen Sie also laut „b", „ä", „r" (statt „be", „ä", „err").

Hat Ihr Kind die richtige Anzahl an Lauten ermittelt, können Sie nun beispielsweise alle Vokale (oder Diphthonge wie *ei*, *au*, *eu* sowie Umlaute) im Wort durch andersfarbige Steine oder Perlen ersetzen lassen. Ihrem Kind sollte nämlich schon früh bewusst werden, dass Vokale (sowie Diphthonge und Umlaute) besondere Buchstaben, „Zauberbuchstaben", sind.

Alternativ können Sie auch bestimmte Laute im Wort suchen und durch andersfarbige Steine ersetzen lassen. So könnten Sie Ihr Kind bei *Tomate* etwa den Laut /t/ suchen lassen.

Sinnvoll ist diese Übung vor allem für lauttreue Wörter. Dennoch können Sie hier auch den Schwierigkeitsgrad verändern. Anfangs bietet es sich an, dass Sie kurze Wörter verwenden, die einen Wechsel zwischen Vokal und Konsonant

haben (*Hase, Hut, Rose*). Mehr Schwierigkeiten bereiten Kindern längere Wörter (*Schokolade, Telefon*) oder Wörter mit Konsonantenhäufungen, das heißt also Wörter mit mehreren Konsonanten hintereinander (*Bremse, Freunde*). Eine Auswahl an unterschiedlich schwierigen lauttreuen Wörtern finden Sie im Online-Material Nr. 1 und 2.

Auf phonologische Regelmäßigkeiten aufmerksam werden

Wenn Ihr Kind Wörter nach Lauten abhört, wird es bald bei einigen Lauten feststellen, dass diese immer anders geschrieben werden, als man sie spricht. Für die Schreibung dieser Laute gilt die Regel: „Ich spreche und höre …, aber ich schreibe …" Zu diesen sogenannten phonologischen Regelhaftigkeiten zählen folgende Laute:

/ei/ *Leiter*	klingt wie /ai/
/eu/ *heute*	klingt wie /oi/
/qu/ *Quelle*	klingt wie /kw/
/st/ im Anlaut *Stamm*	klingt wie /scht/
/sp/ im Anlaut *Sport*	klingt wie /schp/

St und *sp* im Anlaut sowie *qu* werden am Wortanfang stets gleich geschrieben und es gibt keine Ausnahme. *Eu* und *ei* stellen dagegen die häufigste Schreibweise für die Laute /ai/ und /oi/ dar.

Damit Ihr Kind abweichende Schreibungen automatisiert, obwohl es beim Lautieren etwas anderes hört, ist es wichtig, dass Sie diese Abweichungen immer wieder benennen bzw. benennen lassen: „Achtung, ich spreche und höre /ai/, aber ich schreibe *ei*!" Außerdem können Sie die abweichende Schreibweise noch farblich im Wort kennzeichnen.

Das /r/ nach Vokalen richtig schreiben

Problem: Zu Beginn des Schriftspracherwerbs sind Wörter mit dem sogenannten vokalisierten /r/ für Kinder schwierig. Hierbei verschmilzt ein vorausgehender Vokal mit dem nachfolgenden *r*, so dass die Kinder beim Abhören einen /a/-ähnlichen Laut hören. Die Schüler schreiben dann *Am, Wuam, Biane* oder *Gaten* anstelle von *Arm, Wurm, Birne* und *Garten*.

Das hilft: Um das /r/ hörbarer zu machen, hilft die silbische Sprechweise weiter. Dazu macht man ein einsilbiges Wort z. B. durch Mehrzahlbildung zweisilbig,

wodurch das /r/ in *Ar-me, Wür-mer, Tür-me* oder *Wor-te* leichter zu sprechen bzw. herauszuhören ist. Anfangs besteht vielleicht noch die Gefahr, dass Ihr Kind auch bei anderen Wörtern ein *r* einschiebt, etwa bei *haben* (also *harben*). In diesem Fall fordern Sie Ihr Kind auf, das Wort silbisch und bewusst mit /r/ zu sprechen. Dabei wird es selbst feststellen, dass *har-ben* als Wort nicht richtig klingt. Auch bei einigen häufig auftretenden Wortformen wie *der, er, mir, wir* oder *für* bereitet das vokalisierte /r/ Schwierigkeiten, so dass die Kinder hier gerne *dea, ea, mia, wia* oder *füa* schreiben. Da hier keine Verlängerung zu einem zweisilbigen Wort möglich ist, muss man sich in diesen Fällen die richtige Schreibung einprägen. Weil diese Wörter häufig vorkommen, schreibt sie Ihr Kind in der Regel schnell richtig.

Die Wortendungen *-er*, *-el* und *-en*

Fehleranfällig bei der Verschriftung sind auch die Wortendungen.

Probleme bei Wörtern auf *-er*: Enden Wörter auf *-er*, dann tritt das bereits beschriebene Phänomen auf: Statt *-er* schreiben Kinder oft *a* (z. B. *Leita* statt *Leiter*). Am Wortende kann leider durch die silbische Sprechweise das /r/ nicht hörbar gemacht werden (wie es in der Wortmitte der Fall wäre, etwa bei *wer-fen*).

Das hilft: Um Ihr Kind für das Problem zu sensibilisieren, können Sie mit ihm Wörter, die auf *-er* enden, sammeln. Lassen Sie es ein Wort in Rechtschreibsprache sprechen und vergleichen Sie dann dieses überdeutliche Sprechen mit der normalen Umgangssprache. Ihr Kind wird auf die Besonderheit der Wortendung -er aufmerksam werden: „Ich höre am Wortende ein /a/, ich schreibe aber -er."

Am Anfang kann es bei der Anwendung dieser Strategie noch passieren, dass Ihr Kind statt *Opa* nun *Oper* schreibt. Beim Vorlesen des geschriebenen Wortes in Rechtschreibsprache merkt Ihr Kind dann aber schnell, dass *Oper* für *Opa* nicht richtig klingt.

Probleme bei Wörtern auf -el oder -en:

Enden Wörter auf -*el* oder -*en*, tritt häufig folgender Fehler auf: Die Kinder schreiben den Vokal *e* nicht, da er umgangssprachlich nicht zu hören ist. Wir sprechen nämlich /haltn/ oder /Gabl/ in dem Satz *Wir halten die Gabel in der Hand.*

Das hilft: Für den versteckten Vokal *e* müssen die Schüler wieder auf die Strategie des silbischen Sprechens zurückgreifen, also *hal-ten*, *Ga-bel*.

Weisen Sie Ihr Kind außerdem noch darauf hin, dass in jeder Silbe ein Vokal (bzw. Umlaut oder Diphthong) enthalten sein muss. Lassen Sie Ihr Kind daher Silbenbögen (siehe S. 40) unter die Wörter zeichnen und dann überprüfen, ob in jeder Silbe ein Vokal enthalten ist. Gerade am Anfang ist es sinnvoll, diesen Vokal noch farbig markieren zu lassen. Dabei macht Ihr Kind schnell die Entdeckung, dass am Wortende meist der Vokal *e* auftaucht.

Die Schreibung des lang gesprochenen i-Lautes

Der lang gesprochene i-Laut macht einigen Schülern vor allem deshalb Probleme, weil er der einzige Vokal ist, dessen häufigste Schreibweise aus zwei Buchstaben besteht. Die Analyse deutscher Texte hat gezeigt, dass der lange i-Laut in knapp 83 % der Wörter mit *ie* geschrieben wird (*Liebe*), in rund 14 % mit *ih* (*ihn*) und nur bei ca. 3,5 % der Wörter mit *i* (*Igel*) oder *ieh* (*zieht*). Leider wird in manchen Schulbüchern oder Anlauttabellen der i-Laut immer noch an Wörtern wie *Igel* oder *Fibel* eingeführt statt z. B. mit *Insel*. Dadurch entsteht bei vielen Schülern der Eindruck, auch der lange i-Laut werde nur mit *i* geschrieben. Solange Kinder nicht automatisch *ie* für das lange /i/ schreiben, sollten Wörter wie *Tiger, Kilo, Igel* oder *Fibel* vermieden werden. Dies sind Ausnahmeschreibungen, die man sich nur merken kann.

Das hilft: Sollte Ihr Kind noch Schwierigkeiten haben, zwischen lang und kurz gesprochenem i-Laut zu unterscheiden, hilft auch hier das silbische Sprechen weiter. Vergleichen Sie selbst:

bil – den	bie – gen
Pin – sel	Wie – ge
Kis – te	Flie – ge
Win – ter	Bie – ne

Immer wenn der i-Laut kurz gesprochen wird (linke Spalte), dann kommt nach dem Vokal *i* noch ein Konsonant, d. h. wir haben eine geschlossene Silbe. Wird dagegen der i-Laut lang gesprochen, dann folgt kein Konsonant mehr, es liegt eine offene Silbe vor. Bei einsilbigen Wörtern wie *tief* kann Ihr Kind durch Steigerung ein zweisilbiges Wort bilden (*tie-fer*).

Die Großschreibung von (konkreten) Nomen

Das Problem: Zu Beginn des Schriftspracherwerbs schreiben die Kinder die Wörter überwiegend mit Großbuchstaben.

Im Laufe des 1. Schuljahres sollten sie jedoch erkennen, dass die meisten Wörter in einem Satz kleingeschrieben werden und nur einige wenige groß. Während die Großschreibung am Satzanfang und bei einfachen Namen (*Julia, Herr Meier*) in der Regel unproblematisch ist, müssen die Kinder für die Schreibung von Nomen Strategien an die Hand bekommen.

Die Schule vermittelt meist als eine der ersten Regeln: „Namenwörter (Nomen) bezeichnen Menschen, Tiere und Sachen. Sie werden großgeschrieben." Das Kind muss also etwa bei dem Satz „Der Junge wünscht sich für sein Kaninchen einen neuen Stall" prüfen, welches der Wörter eine Bezeichnung für einen Menschen (Junge), ein Tier (Kaninchen) sowie einen eine Sache (Stall) darstellt. Zudem kann getestet werden, ob man das mit den Wörtern Bezeichnete anfassen oder weitergeben kann, was bei allen drei Nomen der Fall ist. Diese Strategie stößt jedoch

schnell an ihre Grenzen, wenn abstrakte Nomen hinzukommen wie z. B. in „Ausgerechnet an seinem Geburtstag hat Peter Schmerzen." Weder bei „Geburtstag" noch bei „Schmerzen" hilft obige Strategie weiter. Deswegen wird die Regel in der Schule erweitert, z. B. „Namenwörter (Nomen) bezeichnen aber auch Gedanken, Gefühle, Ideen, die keine Lebewesen oder Gegenstände sind."

Das hilft: Statt nur auf die Bedeutungsmerkmale der Nomen abzuheben, wäre jedoch eine Kombination mit anderen typischen Merkmalen von Nomen hilfreicher:

1. Mehrzahl bilden: So lassen sich sehr viele Nomen in die Mehrzahl (oder Einzahl) setzen. Eine Strategien, mit der Ihr Kind großzuschreibende Wörter erkennen kann, lautet also: „Kann ich das Wort in die Einzahl und Mehrzahl setzen? Wenn ja, dann schreibe ich es groß."

2. Erweiterungsprobe: Die meisten Nomen kann man mit einem Adjektiv erweitern. Die Strategie lautet: „Kann ich ein Adjektiv (Wiewort, Eigenschaftswort) davorsetzen, dann schreibe ich das Wort groß."

Gerade die Erweiterungsprobe mit einem Adjektiv hat den Vorteil, dass mithilfe dieser Strategie auch viele Zweifelsfälle der Großschreibung, die in höheren Jahrgangsstufen auf Ihr Kind zukommen, gut geklärt werden können.

3. Artikelprobe: Bereits in den ersten zwei Schuljahren lernen die Schülerinnen und Schüler zudem, dass Nomen einen Begleiter (Artikel) haben. Als Hilfestellung für die Groß- und Kleinschreibung in Texten ist diese Tatsache aber in den Klassen 1 und 2 erfahrungsgemäß wenig hilfreich. Das liegt unter anderem daran, dass die Schüler Begleiter, die in deklinierter Form im Text vorkommen (*Sie gibt* **dem** *Kind* **den** *Becher*), gar nicht als Artikel erkennen und somit nicht als Signale für die Großschreibung nutzen können. Hinzu kommt, dass die sogenannte Artikelprobe insgesamt relativ fehleranfällig ist, wie Sie auf Seite 34 nachlesen können.

Das Online-Material Nr. 3 und 4 bietet Ihnen konkrete Aufgabenstellungen, um mit Ihrem Kind Strategien für die Großschreibung von konkreten, aber auch abstrakten Nomen zu trainieren.

Wie Sie mit Fehlern in der 3./4. Klasse umgehen sollten

Während in den ersten beiden Klassen der Schwerpunkt auf der korrekten Laut-Buchstaben-Zuordnung liegt, ist es ab der 3. Klasse die Aufgabe der Schule, den Schülern die wichtigsten orthografischen Regelmäßigkeiten der deutschen Sprache zu vermitteln. Darüber hinaus trainieren die Kinder häufig vorkommende Wörter, die keinen Rechtschreibregeln folgen, im Rahmen eines Grund- bzw. Übungswortschatzes.

In den Lehrplänen der verschiedenen Bundesländer besteht relativ große Einigkeit, was Schüler am Ende der 4. Klasse schreiben können sollten. Neben den Phänomenen, die bereits bis zum Ende der 2. Klasse wichtig waren, (vgl. S. 23), sollte Ihr Kind bei den auf der nächsten Seite aufgeführten Schreibungen und Regelhaftigkeiten sicher sein. Diese Liste ist bereits recht umfangreich, es bleiben aber noch zahlreiche Rechtschreibprobleme ausgespart.

Welche Fehler in den Texten Ihres Kindes noch tolerierbar sind, soll Ihnen wieder ein kurzes Beispiel erklären. Sie sehen unten einen kurzen Auszug aus einer Erlebniserzählung, die zu Beginn der 4. Klasse geschrieben wurde. Die falschen Schreibungen und die fehlenden Satzzeichen wurden bereits markiert. Vergleicht man diesen Text mit den Anforderungen, die Schüler bis zum Ende der 4. Klasse bewältigen sollten, dann hat der Schreiber nur noch im Bereich der Auslautverhärtung Übungsbedarf. Sowohl bei *fekten* als auch bei *lekten* und *schop*

Lea und Tom *fekten* die Blätter, die um sie lagen, zu einem Haufen zusammen. Sie *lekten* sich darauf und schliefen trotz der bitter kalten Nacht ein. Am nächsten Morgen weckte sie ein lautes *brummen*. Die Kinder schauten sich um und sahen, *das* sich ein Bär gerade mit großem *Apettit* über die Wurst in ihren Rucksäcken *her machte*. Vorsichtig *schop* sich Tom tiefer unter den Blätterhaufen und auch Lea hielt ganz still, um das Tier nicht beim *fressen* zu stören.

zeigt sich, dass diese Wörter fälschlicherweise noch mit den Konsonanten geschrieben werden, die man beim Sprechen hört (*k* statt *g*, *p* statt *b*). Die sonstigen Fehler betreffen Phänomene, die erst in den weiterführenden Schulen intensiv thematisiert werden. Dazu zählen die Schreibung von Fremdwörtern (*Appetit* statt *Apettit*), die zahlreichen Besonderheiten der Getrennt- und Zusammenschreibung (*bitterkalten* statt *bitter kalten*; *hermachte* statt *her machte*), die Kommasetzung zwischen Haupt- und Nebensätzen, die Schreibung von *dass – das* sowie die Nominalisierung von Verben (*ein lautes Brummen, beim Fressen*). Nur in den Bundesländern Hessen und Saarland wird nach derzeitigem Stand der Lehrpläne bereits in der Grundschule auf nominalisierte Verben und Adjektive eingegangen. Wenn Sie schnell und unkompliziert überprüfen wollen, welche der in der Tabelle auf dieser Seite aufgeführten Rechtschreibphänomene Ihr Kind schon sicher beherrscht und bei welchen noch Übungsbedarf besteht, stehen Ihnen im Online-Material Testdiktate mit Auswertungsbogen zur Verfügung (Nr. 23 und 24). Im folgenden Kapitel zeigen wir Ihnen, wie sich die häufigsten Fehler in der 3./4. Klasse vermeiden lassen und worauf Sie beim Üben achten sollten.

Das sollte Ihr Kind am Ende der 4. Klasse weitgehend sicher beherrschen

Wörter mit Auslautverhärtung richtig schreiben: Hier hört und spricht man am Wortende /t/, /p/ oder /k/, schreibt aber *d*, *b* oder *g*.	Hun**d**, sag**t**, schreib**t**
Wörter mit silbentrennendem *h* korrekt verschriften: Im Unterschied zum Dehnungs-*h* kann man das silbentrennende *h* bei der silbischen Sprechweise „hörbar" machen.	ge-**h**en, Schu-**h**e
Wörter mit *ä* und *äu*, die verwandte Formen mit *a* bzw. *au* haben, richtig verschriften; einige Ausnahmen wie *Mädchen, Bär, Lärm, spät* usw. kennen	L**ä**nder (L**a**nd) K**äu**fer (k**au**fen)
Wörter mit Doppelkonsonanten und *ck/tz* richtig schreiben	Ka**nn**e, ba**ck**en, Bli**tz**
Wörter mit *ss* und *ß* korrekt verschriften	Schlü**ss**el, Fu**ß**

Bei zusammengesetzten Wörtern den Wortstamm berücksichtigen: Alle Buchstaben bleiben erhalten.	Fahrrad (fahr + Rad) Betttuch (Bett + Tuch)
Vor- und Nachsilben als Wortbausteine erkennen und für die richtige Schreibweise nutzen	• Vorsilben für die Bildung von Verben (= Kleinschreibung): **ver**lieren, **vor**lesen, **ent**scheiden • Nachsilben für die Bildung von Nomen (= Großschreibung): -heit, -keit, -schaft, -nis, -tum, -ung • Nachsilben für die Bildung von Adjektiven (= Kleinschreibung): -bar, -ig, -haft, -lich, -sam, -voll, -los
Großschreibung von Nomen	das **G**lück, die **M**öglichkeit
Geübte Schreibung von häufig vorkommenden Wörtern, die keiner Regelmäßigkeit folgen: • Wörter mit *V/v* • Wörter mit Doppelvokal • Wörter mit Dehnungs-h • Wörter mit ks-Laut	**V**ulkan, **V**olk, **V**ogel, **V**ase, **v**ier Schn**ee**, B**oo**t, M**ee**r, H**aa**r Ba**h**n, Dra**h**t, Lo**h**n, Le**h**rer Da**chs**, He**x**e, lin**ks**, Kle**cks**
Worttrennung am Zeilenende	Beu-te, Haus-tür
Satzzeichen der wörtlichen Rede beherrschen	„Ich komme", rief er. Sie rief: „Ich komme." „Komm", rief sie, „lass uns gehen!" „Kommst du?", rief sie.
Satzschlusszeichen (Punkt, Doppelpunkt, Frage- und Ausrufezeichen) richtig verwenden	
Kommasetzung bei Aufzählungen	In den Ferien will sie lesen, faulenzen, Freunde besuchen und schwimmen.

33

Rechtschreibstrategien ab der 3./4. Klasse

Ab der 3. Klasse erwerben Schüler ein umfangreiches Wissen über die zentralsten Bereiche der deutschen Rechtschreibung. Die Kinder kennen dann zwar Regeln (z. B. „Nomen schreibt man groß"), können diese aber beim Schreiben oft nicht umsetzen. Ein erfolgreicher, neuer Ansatz der Rechtschreibdidaktik spricht sich deshalb dafür aus, das Regelwissen auf ein Minimum zu reduzieren und den Schülern stattdessen Strategien zu vermitteln.

Strategien bestehen eigentlich darin, Rechtschreibregeln anzuwenden. Anders gesagt, es sind Handlungsanweisungen für das Kind, die es einsetzen kann, wenn es bei der Schreibung unsicher ist. Wie Sie sehen werden, gibt es für die meisten grundschulrelevanten Rechtschreibphänomene gut umsetzbare Strategien. Neben kurzen Erläuterungen zu den einzelnen Strategien weisen wir Sie auch auf mögliche Stolperfallen hin. Zusätzlich finden Sie für die einzelnen Rechtschreibphänomene im Online-Material Anregungen für Übungsaufgaben (Nr. 5 und 6).

Die Großschreibung sicher beherrschen

Wie Fehlerstatistiken belegen, stehen Fehler bei der Groß- und Kleinschreibung an erster Stelle: Grundschüler machen in diesem Bereich rund ein Viertel aller Fehler. Grund genug, diesen Bereich besonders intensiv zu üben. Im Folgenden lernen Sie hilfreiche Strategien zur Erkennung der Großschreibung kennen.

Strategie 1 – Mehrzahl bilden: Mit der Frage „Kann ich das Wort in die Einzahl oder Mehrzahl setzen?" lassen sich viele konkrete, aber auch abstrakte Nomen identifizieren. Da einige Wörter jedoch nur die Einzahl (z. B. Sammelbezeichnungen wie *Polizei*, Stoffbezeichnungen wie *Milch*) oder die Mehrzahl (*Ferien, Eltern*) bilden, reicht diese Strategie alleine nicht aus.

Strategie 2 – Endungen beachten: Auch wenn diese Strategie nur auf eine begrenzte Anzahl von Wörtern zutrifft, ist sie für Ihr Kind sehr hilfreich, da die Endungen eindeutige Signale sind. Die Strategie dazu lautet: „Hat das Wort die Endungen *-ung, -heit, -keit, -nis, -tum* oder *-schaft*? Dann schreibe ich es groß."

Strategie 3 – Artikelprobe: Hier muss Ihr Kind prüfen, ob es einen Artikel (Begleiter) vor das Wort setzen kann. Funktioniert dies, dann liegt ein Nomen vor, das großgeschrieben werden muss. Leider ist diese Probe relativ fehleranfällig. Hier ein typischer Fehler: Ein Kind schreibt *der Große hund*, es bezieht den Artikel also auf das falsche Wort. Daher ist es wichtig, dass Sie immer wieder darüber sprechen, wen der Artikel begleitet: Lassen Sie Ihr Kind die Begleiter in Übungstexten unterstreichen und jeweils einen Pfeil zum Bezugsnomen malen. Manchmal schreiben Kinder auch Verben groß, etwa *Die Kinder Laufen in die Schule.*

Die Begründung: „Ich kann doch sagen ‚das Laufen‘, also schreibe ich das Wort groß." In solchen Fällen hat das Kind nicht beachtet, dass die Artikelprobe nur im Satzzusammenhang durchgeführt werden darf und nicht isoliert mit einzelnen Wörtern. Es muss den Artikel also im Satz einsetzen: „Die Kinder **das** Laufen in die Schule." Dieser Satz hört sich eindeutig falsch an, also muss das Wort kleingeschrieben werden.

Manchmal erkennt das Kind die verschiedenen Artikel im Text nicht. Während dies bei *der*, *die*, *das* sowie *ein*, *eine*, *einer* einfach ist, übersehen Schüler oft, dass auch *dem*, *des* und *den* Begleiter und damit Signale für die Großschreibung sind. Auch die „versteckten Artikel", etwa *zum*, *beim*, *ins* usw., also Verbindungen aus Präposition und Artikel, die sich auflösen lassen in *zu dem*, *bei dem*, *in das* usw., sind manchmal knifflig. Üben Sie mit Ihrem Kind die Artikel, damit es sie als wichtige Signale für die Großschreibung nutzen kann. Eine gute Methode ist, dass Sie Ihr Kind die Artikel in Texten farbig hervorheben und das dazugehörige Nomen unterstreichen lassen.

Strategie 4 – Erweiterungsprobe: Neuere Studien zeigen, dass insbesondere der Einsatz der Erweiterungsprobe zu einer deutlichen Verbesserung der Großschreibung führt. Sie kann schon in der 1./2. Klasse eingesetzt werden. Ihr Kind muss nur prüfen, ob sich vor ein Wort ein Adjektiv setzen lässt. Wenn ja, muss das Wort großgeschrieben werden.

Bei der Erweiterungsprobe gibt es eine kleine Gefahr, die wir Ihnen an zwei Sätzen erklären möchten. Beim Satz *Ich habe einen Garten* kann man nur das letzte Wort mit einem Adjektiv erweitern in *Ich habe einen **großen** Garten*. Also muss man *Garten* großschreiben. Jetzt erweitert Ihr Kind aber den Satz *Mein Garten ist groß* zu *Mein Garten ist **sehr** Groß* und behauptet, dass deshalb das Adjektiv *groß* großgeschrieben werden muss.

Haben Sie hier eine Erklärung parat? Die Lösung ist denkbar einfach. Im ersten Satz wurde mit einem Adjektiv erweitert, im zweiten dagegen mit einem Adverb. Aber keine Sorge, Sie müssen jetzt nicht die Wortarten bestimmen. Es reicht ein Blick auf die Endung des Erweiterungswortes: Es darf nie unverändert bleiben, sondern muss als Endung *-e*, *-en*, *-em*, *-er* oder *-es* aufweisen. Die vollständige Strategie lautet also: „Kann ich vor das Wort ein Adjektiv setzen? Hat das Adjektiv die richtige Endung, nämlich *-e*, *-en*, *-em*, *-er* oder *-es*? Dann wird das Wort großgeschrieben."

Wenn Ihr Kind diese vier Strategien sicher einsetzen kann, sind nahezu alle Fälle der Groß- und Kleinschreibung im Grundschulbereich gut zu lösen. Nur ein winziger Bereich bleibt zum Regellernen übrig, nämlich die Schreibung von Anredepronomen (*Sie, Ihnen, du/Du, dein/Dein*). Die Regeln dazu finden Sie im zweiten Teil dieses Ratgebers ab S. 93.

ä und *äu:*

Wortverwandtschaft erkennen

Die Erztin wescht sich die Hende. Ja, so würde es aussehen, wenn wir Wortverwandtschaften nicht durch die Schreibung deutlich machen würden. Der Zusammenhang zwischen gleicher Bedeutung und gleicher Schreibweise erleichtert uns wesentlich das schnelle Lesen und Verstehen von Texten.

Für Ihr Kind besteht nun die Schwierigkeit darin, zu entscheiden, wann es *e* bzw. *eu* oder *ä* bzw. *äu* schreiben muss. Heraushören lässt sich dieser Unterschied nicht, wie Sie an folgendem Beispiel selbst ausprobieren können: *nach der Wende – die bunten Wände.*

Strategie – Die Grundform bilden: Die Strategie zur Lösung des Problems lautet: „Ich bilde die Grundform des Wortes. Wird diese mit *a* bzw. *au* geschrieben, muss ich mein Wort mit *ä* bzw. *äu* schreiben." Grundform bedeutet konkret, dass man in der Regel

- bei Nomen die Einzahl bildet (*Wände – Wand*),
- bei Verben den Infinitiv oder die Wir-Form (*sie schläft – wir schlafen*),
- bei Adjektiven eine ungebeugte Form (*länger – lang*).

Schwierig wird es bei Wörtern, bei denen die zur Wortart passende Grundform nicht existiert und dann nach verwandten Wörtern in anderen Wortarten gesucht werden muss, z.B. *ändern (anders), Ärger (arg), Geräusch (rauschen)* oder *häufig (Haufen).*

Darüber hinaus gibt es einige wenige Wörter mit *ä/äu*, für die wir zumindest aus heutiger Sicht keine Verwandten mehr mit *a/au* finden und die Ihr Kind sich deshalb einprägen muss. Dazu zählen etwa *Mädchen, März, Bär* oder *Säule*. Wahllos sind diese Schreibungen jedoch nicht, sie ergeben sich aus historischen Gründen. So geht z.B. der Monatsname *März* auf den römischen Kriegsgott *Mars* zurück. Und *Mädchen* entstand aus dem Wort *Mägdchen* – eine Verkleinerungsform von *Magd*. Übungen hierzu finden Sie im Online-Material Nr. 7.

Probleme mit der Auslautverhärtung

Kinder haben oft Probleme bei einsilbigen Wörtern, die am Wortende mit *b*, *d* oder *g* geschrieben, jedoch am Ende stimmlos gesprochen werden, also als *p*, *t* oder *k* (die sogenannte Auslautverhärtung). Dies führt schnell zu Fehlschreibungen wie z.B. *Kint* (für *Kind*) oder *Tak* (für *Tag*) (Online-Material Nr. 8).

Strategie – Verlängerungsprobe: „Ich verlängere das Wort, bei dem ich am Wortende *p*, *t* oder *k* höre, zu einem zweisilbigen Wort. Höre ich dann *b*, *d* oder *g*, schreibe ich auch das einsilbige Wort mit diesem Buchstaben."

- Nomen können dabei durch die Bildung des Plurals verlängert werden (*Hund/Hunt? – Hunde*).
- Adjektive kann man steigern oder in gebeugter Form verwenden (*wenig/wenik? – weniger, am wenigsten; das wenige Geld*).

- Bei Verben bilden Sie wieder die Grund- oder Wir-Form (*er lobt/lopt – wir loben*).

Leider tritt die Problemstelle bei Verben nicht unbedingt beim allerletzten Buchstaben auf (z. B. *lobt*). Das macht es gerade am Anfang so schwer für Kinder, bei Verben die Auslautverhärtung überhaupt wahrzunehmen. Grundsätzlich kann sie nur bei Verben auftreten, die mit den Personalformen *du, er/sie/es* und *ihr* stehen: *er sagt, ihr erlaubt, du lebst*. Hier hilft es nur, alle Verben, die mit *-t* oder *-st* enden, genau anzusehen und zur Überprüfung die Grund- oder Wir-Form zu bilden.

In einigen wenigen Fällen gibt es auch keine verwandten zweisilbigen Formen, man denke nur an die Wörter *und, ab, ob*. Und bei Wörtern wie *Laub* oder *Staub* fällt es Kindern meist sehr schwer, passende Verlängerungen zu finden, denn mit *laubig* (zudem veralteter Begriff) und *staubig* ist ein Wechsel in eine andere Wortart notwendig. Werden solche Wörter falsch geschrieben, sollten sie in die Wörterkartei (siehe S. 41) aufgenommen werden.

Damit keine Buchstaben verloren gehen: Wortbausteine erkennen

Übungen: Online-Material Nr. 9
Schreibt Ihr Kind *Weihnachzfest*? Oder *Fahrad*? Diese Fehlschreibungen kann Ihr Kind vermeiden, wenn es sich den Aufbau des Wortes bewusst macht. Dazu ein Exkurs zu den häufigsten Arten der Wortbildung im Deutschen: der Zusammensetzung und der Ableitung.

Bei der **Zusammensetzung** werden verschiedene Wortstämme miteinander verbunden, z. B. *Hochhaus* (*hoch + Haus*) oder *Esstisch* (*ess + Tisch*). Beim zweiten Beispiel sehen Sie, dass der Wortstamm bei Verben nicht aus der kompletten Grundform (*essen*) gebildet wird, sondern die letzten beiden Buchstaben (*-en*) wegfallen. Bei Zusammensetzungen kommen oftmals Fugenelemente zwischen die Wortstämme, die die Aussprache erleichtern, aber ohne Bedeutung sind. Sie sind besonders fehleranfällig, wie die genannten Schülerschreibungen zeigen: *Weihnachzfest* (*Weihnacht + s + Fest*), *Geburtztag* (*Geburt + s + Tag*). Aber auch ohne diese Elemente passieren gerne Fehler wie *Fahrad* (*fahr + Rad*). Um diese Fehler zu umgehen, lautet die Strategie: „Ich überlege, aus welchen Wortbausteinen mein Wort zusammengesetzt wird. Dann kontrolliere ich, ob ich von jedem Wortstamm alle Buchstaben geschrieben habe."

Bei **Ableitungen** werden an den Wortstamm Vor- und/oder Nachsilben angehängt. Beispiel: Der Wortstamm von *nehmen* lautet *nehm*. Man kann nun z. B. die Vorsilbe *an-* anhängen und es entsteht *annehmen*. Damit Fehler wie *anehmen* oder *verosten* nicht passieren, muss Ihr Kind auf die gleiche Strategie wie bei der Wortzusammensetzung zurückgreifen: „Ich überlege, aus welchen Wortbausteinen mein Wort zusammengesetzt wird. Dann kontrolliere ich, ob ich von jedem Wortstamm und jeder Vor- und Nachsilbe alle Buchstaben geschrieben habe."

Wenn die Konsonantenverdoppelung Schwierigkeiten bereitet

Die Konsonantenverdoppelung zählt zu den regelhaften Phänomenen der deutschen Rechtschreibung, z.B. kö*nn*en, *Gasse, ko*mm*en, re*tt*en. Sie tritt auf, wenn der Vokal in der ersten (betonten) Silbe kurz gesprochen wird, z.B. bei *Betten*. Bei *beten* jedoch ist der Vokal lang gesprochen, der Konsonant nicht verdoppelt. Im Fall von *beten* spricht man von einer offenen Silbe (=langer Vokal), bei *Betten* von einer geschlossenen Silbe (=kurzer Vokal). Diese Begriffe sind vielen Schülern bekannt, da sie die Konsonantenverdoppelung häufig über die Analyse der Silbenstruktur kennenlernen. Kann ein Kind also erkennen, ob eine offene oder geschlossene Silbe vorliegt, kann es auch Rückschlüsse auf die Konsonantenverdoppelung ziehen.

Doch bevor wir uns die offene bzw. geschlossene Silbe näher ansehen können, müssen wir uns kurz dem Aufbau von Silben widmen. Typisch für das Deutsche ist eine zweisilbige Wortstruktur. Falls Sie nun an einsilbige Wörter wie *Hut* oder *Baum* denken, dürfen Sie nicht vergessen, dass sich diese leicht in zweisilbige Formen umwandeln lassen (*Hü-te, Bäu-me*). Zudem liegt bei deutschen Wörtern die Betonung stets auf der ersten Silbe, während bei vielen Fremdwörtern (*Kamel, konkret, Pirat*) die zweite Silbe betont wird. Der Aufbau jeder Silbe ist dreiteilig:

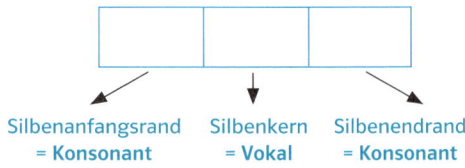

Jede Silbe muss einen Vokal, also einen Silbenkern haben. Silbenanfangsrand und Silbenendrand können dagegen unbesetzt bleiben.

Das Modell des Silbenhauses: Um Schülern das Prinzip des Silbenaufbaus bei zweisilbigen Wörtern zu veranschaulichen, wird häufig mit Silbenhäusern gearbeitet. Diese bestehen aus einem „Haus" und einer „Garage" und sehen so aus:

Damit Wörter in das Silbenhaus „einziehen" können, müssen sie zweisilbig sein, d.h. einsilbige Wörter müssen zuerst umgewandelt werden, aus z.B. *Bett* muss *Bet-ten* gebildet werden. Das Haus mit seinen drei Zimmern steht für die betonte, erste Silbe. Die kleinere Garage steht für die unbetonte, zweite Silbe. Die Dreiteilung von Haus und Garage steht für den dreiteiligen Aufbau der Silbe mit den beiden Silbenrändern und dem Silbenkern. Für das Eintragen gilt: In das mittlere Zimmer zieht immer der Vokal (oder Diphthong, z.B. *ei*) ein. Die Silbenränder dürfen auch mit mehreren Buchstaben besetzt sein. Hier ein paar Beispiele:

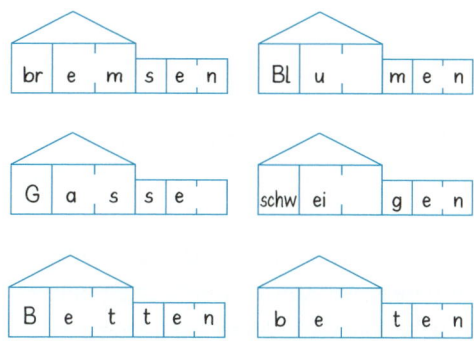

brauchen wir ein zweisilbiges Wort. Für unser Beispiel muss *trifft/trift* in *treffen/trefen* umgewandelt werden.

Wenn Ihr Kind nun eher von der Schreibung *trefen* ausgeht, trägt es das Wort wie folgt in das Silbenhaus ein:

Was bedeutet nun „offene" Silbe?

Übungen: Online-Material Nr. 10–12

Der Blick in das Silbenhaus zeigt: Eine Silbe ist offen, wenn das dritte Zimmer des Hauses nicht belegt ist (*Blumen, schweigen, beten*). Wenn Sie diese Wörter aussprechen, klingt der Vokal im mittleren Zimmer stets lang. Kinder sagen, der Vokal kann sich ins dritte Zimmer ausdehnen.

Wie sieht eine „geschlossene" Silbe aus?

Bei der geschlossenen Silbe sind alle Zimmer im Haus belegt (*bremsen, Gasse, Betten*). Wenn Sie diese Wörter sprechen, dann hört sich der Vokal in der Mitte kurz an. Schüler beschreiben das oft so, dass der Vokal durch den nachfolgenden Konsonanten eingequetscht, also „dünn" gemacht wird und man ihn deshalb nur kurz ausspricht.

Die Konsonantenverdoppelung erkennen:

Wie muss nun Ihr Kind vorgehen, wenn es nicht genau weiß, ob ein Wort mit einem Doppelkonsonanten geschrieben wird oder nicht?

Nehmen wir an, es ist unsicher, ob es *trift* oder *trifft* schreiben muss. Um die Silbenstruktur analysieren zu können,

So, wie es jetzt eingetragen ist, haben wir eine offene Silbe, d. h. der Vokal müsste lang gesprochen werden. Ein Abgleich mit der normalen Aussprache für *treffen* zeigt aber, dass der Vokal *e* kurz gesprochen wird. Daraus kann Ihr Kind die Schlussfolgerung ziehen, dass das dritte Zimmer des Hauses belegt werden muss (= geschlossene Silbe). Da aber nur ein Konsonant, nämlich das *f* zu hören ist, muss dieser eben verdoppelt werden:

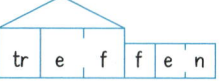

Da im Deutschen – abgesehen von wenigen Ausnahmen (z. B. *Busse – Bus, hatte – hat*) – gilt: Steht in der zweisilbigen Form ein Doppelkonsonant, dann wird auch das einsilbige Wort mit zwei Konsonanten geschrieben, kann Ihr Kind nun ableiten, dass auch das Wort *trifft* mit zwei *f* geschrieben werden muss.

Gerade bei jüngeren Kindern ist das Silbenhaus eine gute Unterstützung, um offene und geschlossene Silben sichtbar zu machen. Später kann der Silbenaufbau einfacher veranschaulicht werden. Dazu wird das Wort silbisch gesprochen und unter die Silben werden Silbenbögen gesetzt. In der ersten Silbe wird zudem der Vokalbuchstabe eingekreist. So sieht man schnell, ob eine offene oder geschlossene Silbe vorliegt und ob die dadurch entstehende Länge des Vokals zur normalen Aussprache des Wortes passt.

treffen

Da im Deutschen ca. 90–95 % der Wörter dieser Regelung folgen, ist die Analyse der Silbenstruktur eine zuverlässige Hilfe für Ihr Kind. Zum geringen Prozentsatz an Ausnahmen zählen z. B. *Wüs-te* oder *Mon-de:* Obwohl die Silbe geschlossen ist, klingt der Vokal lang.

Sonderfall *ck* und *tz*

Wörter mit *ck* und *tz* sind Sonderfälle der Konsonantenverdoppelung. Die Vokale vor *ck* und *tz* werden ebenfalls kurz gesprochen, doch statt *kk* und *zz* zu schreiben, wird die Konsonantenverbindung *ck* und *tz* geschrieben (die Doppelkonsonanten *zz* und *kk* finden Sie nur bei Fremdwörtern).

Während Wörter mit *tz* ohne Probleme dem Schema des Silbenhauses folgen, ist es bei Wörtern mit *ck* schwieriger. Früher wurde bei der Trennung das *ck* in zwei *k* aufgelöst, also *Zuk-ker* geschrieben. Tragen Sie dieses Wort so ins Silbenhaus ein, dann ergibt sich eine geschlossene Silbe, die auch zur kurzen Aussprache des Vo-

kals passt. Da nach der Rechtschreibreform jedoch *Zu-cker* getrennt wird, würde sich damit im Silbenhaus eine offene Silbe ergeben. Diese passt aber nicht zur Kürze des Vokals. Daher sollten Sie Wörter mit *ck* bei der Arbeit mit dem Silbenhaus aussparen. Hat Ihr Kind die Fälle mit normaler Konsonantenverdoppelung verstanden, dann ist später auch eine Übertragung auf Sonderfälle mit *ck* möglich.

Sonderfall *ss, s* und *ß*

Bei der Schreibung von s-Lauten muss Ihr Kind nicht nur entscheiden, ob es ein *s* oder zwei schreibt, sondern es gibt zusätzlich die Sonderschreibung *ß*. Aber auch hier hilft die Silbenanalyse zuverlässig weiter. Sehen wir uns die verschiedenen Schreibungen gleich im Silbenhaus an:

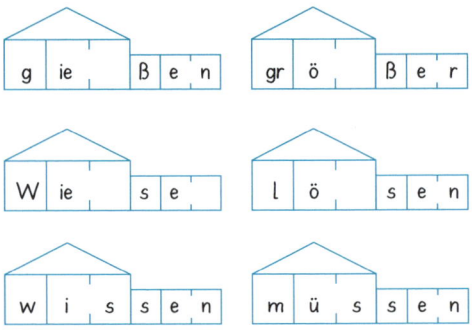

Schnell lässt sich erkennen: Wenn der Vokal kurzgesprochen wird, benötige ich eine geschlossene Silbe, d. h. ich schreibe *ss* (*wissen, müssen*).

Was aber ist mit *ß* und *s*? Hier wird der Vokal jeweils lang gesprochen, was durch die offene Silbe deutlich wird. Woran erkannt man nun, ob man „s" oder „ß" schreiben muss? Sprechen Sie einmal Wörter mit *s* und *ß* deutlich aus und vergleichen Sie dabei die Aussprache des s-Lautes, z. B. bei *Wiese* und *gießen*. Bei Wörtern mit *s* wie in *Wiese* wird er stimmhaft gesprochen, d. h. er klingt ein bisschen wie das Summen einer Biene. Im Gegensatz dazu wird er bei Wörtern mit *ß* stimmlos gesprochen, was sich scharf und ein bisschen wie das Zischen einer Schlange anhört. Sollten Sie diesen Unterschied nicht wahrnehmen, dann liegt das vielleicht daran, dass Sie aus Bayern oder Teilen Baden-Württembergs kommen, denn dort spricht man nur die stimmlose Variante. In diesem Fall sollten Sie mit Ihrem Kind nur die Unterscheidung von *ss* und *s* mithilfe des Silbenmodells üben; Wörter mit *ß* dagegen nehmen Sie in die Wörterkartei zu den Merkwörtern auf.

Mit der Wörterkartei Merkwörter schnell und sicher lernen

Die meisten Wörter werden entweder so geschrieben, wie man sie spricht, oder man kann Rechtschreibstrategien zu Hilfe nehmen. Ein kleiner Teil unserer Rechtschreibung besteht jedoch aus Ausnahmeschreibungen, für die es keine Regeln gibt. Sie haben sich meist im Laufe der Sprachgeschichte entwickelt und sind uns bis heute erhalten geblieben. Für diesen kleinen Bereich muss sich Ihr Kind bewusst machen: Hier brauche ich nicht

nach Regeln oder Strategien zu suchen – diese Wörter muss ich lernen und mir durch Üben einprägen. Zu diesen Merkwörtern zählen die Schreibungen in der Tabelle auf S. 44.

Die ersten sechs Kategorien von Ausnahmeschreibungen bestehen aus einer überschaubaren Anzahl von Wörtern und sind damit relativ gut in den Griff zu bekommen. Anders sieht es bei den letzten drei Unterkapiteln aus: Diese sind deutlich umfangreicher und damit auch fehleranfälliger.

Wörter mit *V/v*: Bei *V/v* finden sich vor allem sehr viele Wörter mit den Vorsilben *vor-* und *ver-*, die in der Regel schnell richtig geschrieben werden. Ihr Kind lernt schon früh, dass neue Wörter durch die Verbindung mit Vorsilben gebildet werden können. Wenn dann Fehlschreibungen wie *vertig* auftreten, lassen Sie Ihr Kind das Wort einfach in seine Bestandteile zerlegen (*ver* + *tig*), dann wird klar ersichtlich, dass *tig* kein eigenständiges Wort ist, wie z. B. *sammeln* in *versammeln*.

Das Problem dieser Merkwörter liegt meist eher darin, dass der Buchstabe *v/V* mit zwei verschiedenen Lauten, nämlich /f/ (*Vogel*, nicht **Fogel*) und /w/ (*Lava*, nicht **Lawa*), gesprochen werden kann, was oft zu Fehlschreibungen verführt.

Wörter mit Dehnungs-h: Die größten Probleme haben Grundschüler mit dem Dehnungs-h. Das beginnt bereits bei der Unterscheidung von Dehnungs-h und silbentrennendem *h*. Das Dehnung-h können Sie auch durch die Silbentrennung nie hörbar machen (*Leh-rer*), und das *h* steht am Ende der ersten Silbe. Das silbentrennende *h* dagegen wird bei der Trennung hörbar (*ge-hen*) und steht am Anfang der zweiten Silbe. Das Dehnungs-h (auch häufig „stummes h" genannt) kann nur nach langen Vokalen stehen. Leider findet sich in manchen Schulbüchern die „Regel" „Nach langem Vokal steht oft ein Dehnungs-h." Damit werden Schüler jedoch zu Falschschreibungen verführt, denn in der Mehrheit der Fälle erfolgt die Schreibung eines langen Vokals ohne besondere Kennzeichnung (*Hase, Rose*). Manchmal lernen die Kinder auch, dass das Dehnungs-h dann auftritt, wenn die zweite Silbe mit *l, m, n* oder *r* beginnt (*kühlen, nehmen, ahnen, fahren*). Da man aber genauso leicht Gegenbeispiele findet wie *Schule, malen, Ware* usw., ist dieser Tipp nur bedingt hilfreich. Besser geben Sie Ihrem Kind diese Strategie an die Hand: „Schreibe ein Wort nur dann mit Dehnungs-h, wenn du sicher weißt, dass zu diesem Wort oder einem verwandten Wort ein *h* gehört. Kontrolliere im Zweifelsfall lieber mit dem Wörterbuch."

Fremdwörter: Fremdwörter spielen in der Grundschule nur am Rande eine Rolle, meist tauchen sie auf, wenn die Kinder über ihre Hobbys oder Freizeitaktivitäten schreiben. Oft muss die Schreibung dieser Fremdwörter gar nicht so intensiv geübt werden, da diese Wörter zum Interessenswortschatz der Kinder zählen und die Schreibung aus dem Alltag (Bücher, Zeitschriften) bekannt ist.

Die Wörterkartei

Damit Merkwörter im inneren orthografischen Lexikon abgespeichert werden (siehe S. 13), muss ihre Schreibung automatisiert werden. Dies gelingt am besten durch häufiges und wiederholtes Schreiben. Dabei sollte Ihr Kind so oft wie möglich die rechtschriftlichen Besonderheiten benennen und in den Wörtern markieren.

Die einfachste und effektivste Form, um mit Merkwörtern zu trainieren, ist die Arbeit mit einer Wörterkartei. Dazu besorgen Sie einen Karteikasten der Größe DIN A7 oder DIN A8 mit passenden Karteikärtchen und unterteilen den Kasten in fünf Fächer. Welche Wörter nehmen Sie auf? Entweder werden alle Merkwörter, die Ihr Kind im Laufe des Schuljahres lernt, in die Kartei übernommen, oder nur die fehlerhaft geschriebenen. Zudem können Wörter, die in Aufsätzen oder im Diktat falsch geschrieben wurden, dazukommen.

Tipp: Es müssen nicht sämtliche Wörter, die Sie in den Wörterlisten der Schulbücher finden, in die Wörterkartei! Die meisten davon sind entweder lauttreu oder lassen sich mithilfe von Rechtschreibstrategien richtig schreiben, d. h., Ihr Kind muss sich diese Wörter nicht mühsam einprägen.

Die Karteikarten beschriften: Ihr Kind schreibt die Lernwörter in die Mitte des Kärtchens. Die Aufpassstelle wird mit Farbe markiert oder unterstrichen (z. B. das *ai* in *Kaiser*). Zusätzlich können Sie die Wortart bestimmen und durch verschiedenfarbige Punkte (etwa ein roter Punkt für Nomen) angeben lassen.

Grundsätzlich sollte Ihr Kind selbst die Beschriftung übernehmen. Bitte kontrollieren Sie aber alle neuen Kärtchen vor der Aufnahme in den Karteikasten, damit Ihr Kind sich keine Falschschreibungen einprägt. Eine detaillierte Anleitung, wie Ihr Kind auch allein mit der Wörterkartei arbeiten kann, finden Sie im Online-Material Nr. 13.

Mit der Wörterkartei arbeiten: Neue Wörter kommen zunächst in das erste Fach. Bevor ein Wort im Karteikasten weiterwandern kann, diktieren Sie es Ihrem Kind und kontrollieren dann gemeinsam die Schreibung. So wandern die richtig geschriebenen Kärtchen allmählich weiter bis zum fünften Fach. Wird ein Wort falsch geschrieben, landet es wieder im ersten Fach.

Die Arbeit mit der Wörterkartei sollte mehrmals die Woche erfolgen, eine Übungszeit von ca. zehn bis 15 Minuten ist ausreichend. Wechseln Sie dabei ab: An einem Tag übt Ihr Kind allein, am anderen Tag wird diktiert und überprüft, ob die Wörter weiterwandern dürfen. So verhält sich die Wörterkartei wie ein Filter: Wörter, die Ihrem Kind leichtfallen, wandern schnell hindurch, problematische Wörter hingegen werden öfter geübt. Diejenigen Wörter, die fünfmal richtig geschrieben wurden, können Sie aus der Lernkartei aussortieren – dann können Sie nämlich davon ausgehen, dass Ihr Kind sie beherrscht.

Merkwörter	
Schreibungen mit *ä/äu*, die sich nicht von Wörtern mit *a/au* ableiten lassen	Käfig, Mädchen, Lärm, Märchen, Säule, räuspern
lang gesprochener i-Laut, der nicht mit *ie* geschrieben wird	Kino, Igel, Tiger, Biber, Lawine, Praline, Mine
Schreibungen mit *ai*	Kaiser, Hai, Mais, Mai
Schreibungen mit *dt*	Stadt, verwandt
Wörter mit Doppelvokal	Haar, Moor, See
Verschriftlichung des ks-Lautes	x: Hexe, boxen chs: Luchs, wachsen ks: links, Keks cks: Klecks
Wörter mit *V/v*	Vater, Vogel, vielleicht, brav, vier, November Wörter mit den Vorsilben vor-, ver-
Wörter mit Dehnungs-h	Ohr, fahren
Fremdwörter	Rollerskate, Snowboard, googeln

Rechtschreibstrategien ab der 5. Klasse

Ab der 5. Klasse zielt der Rechtschreibunterricht zum einen darauf ab, die Strategien aus der Grundschulzeit zu sichern und zu vertiefen. Zum anderen werden zahlreiche neue Rechtschreibphänomene wie die Getrennt- und Zusammenschreibung, die Zeichensetzung und Sonderfälle der Groß- und Kleinschreibung in den Blick genommen. Welche Strategien Ihrem Kind in diesen Bereichen weiterhelfen, lesen Sie auf den nächsten Seiten. Weil die deutsche Rechtschreibung insgesamt gesehen doch sehr komplex ist, reichen in der Sekundarstufe Strategien alleine nicht mehr aus, sondern es müssen noch einige Rechtschreibregeln zusätzlich erlernt werden. Da mit den Strategien aber weiterhin eine Vielzahl von Regeln abgedeckt werden können, ist es sinnvoll, zuerst von den Strategien auszugehen und nur dort, wo diese an ihre Grenzen stoßen, weitere Regeln hinzuzunehmen.

Die Groß- und Kleinschreibung sicher beherrschen

Auch in der Sekundarstufe zählt die Großschreibung zu den fehlerträchtigsten Bereichen. Besonders nominalisierte Verben und Adjektive (z. B. *zum Mitnehmen, viel Gutes*), die meist ab der 5./6. Klasse thematisiert werden, können Probleme bereiten. Dies liegt vor allem daran, dass sich die Kinder während der Grund-

schulzeit meist ganz stark an der Wortart orientiert haben. So hat sich Ihr Kind jahrelang eingeprägt: „Nomen schreibt man groß, Adjektive und Verben klein." Dieses Grundverständnis wird nun völlig über den Haufen geworfen, da es plötzlich darauf ankommt, welche Funktion ein Wort im Satz übernimmt (bei *zum Mitnehmen, viel Gutes* übernehmen also das Verb und das Adjektiv die Funktion eines Nomens). Dennoch gilt für die überwiegende Mehrheit der Fälle zur Groß- und Kleinschreibung, dass Ihr Kind sie mit den bereits bekannten Strategien, die jetzt nur um kleine Details erweitert werden, sicher bestimmen kann. Übungen finden Sie im Online-Material Nr. 14.

Strategie 1 – Erweiterungsprobe mit Adjektiv: Zu den sichersten Strategien zählt nach wie vor die Erweiterungsprobe: Ein Wort wird dann großgeschrieben, wenn man ein Adjektiv davorsetzen kann, das die Endung *-e, -en, -er, -em* oder *-es* aufweisen muss. Diese Erweiterungsprobe ist für Ihr Kind auch sehr hilfreich, um nicht auf die zahlreichen Fälle von Denominalisierungen (vgl. im Regelteil S. 99) hereinzufallen. Probieren Sie aus, bei diesen Beispielsätzen ein Adjektiv davorzusetzen, z. B:

*Dir wird bestimmt **große** bange.*
*Wir haben **großen** dank seiner Hilfe viel gelernt.*

In allen Fällen hört sich der Satz komisch an, also folgt daraus die Kleinschreibung.

Strategie 2 – Erweiterung mit Genitiv- oder Präpositionalattribut: Doch in einigen Fällen reicht die Erweiterung mit einem Adjektiv nicht mehr aus, vor allem bei zahlreichen Adjektiven, Partizipien, Präpositionen oder unbestimmten Zahlwörtern, die als Nomen im Satz fungieren. Hier kann Ihr Kind zusätzlich prüfen, ob diese Wörter mit einem Genitiv- oder Präpositionalattribut erweiterbar sind. Lassen Sie sich nicht von den Begrifflichkeiten abschrecken, es klingt schwieriger, als es tatsächlich ist!
Sehen wir uns z. B. diesen Satz an:
Jeder Einzelne ist verantwortlich.
Wenn Ihr Kind unsicher sind, ob *Einzelne* in diesem Satz großzuschreiben ist, kann es versuchen, ein Adjektiv davorzusetzen. Dabei ist es jedoch schwierig, ein sinnvolles Adjektiv zu finden, denn richtig „rund" hört sich ein Satz wie dieser nicht an:
*Jeder **wichtige** Einzelne ist verantwortlich.*
Dagegen klingt diese Erweiterung gut:
*Jeder Einzelne **der Anwesenden** ist verantwortlich.*
In diesem Fall wurde das Wort mit einem Genitivattribut erweitert, was sie gut an den Artikeln *der* oder *des* erkennen können.
Oder nehmen wir diesen Satz:
Am Flughafen kann man allerlei Herzzerreißendes beobachten.
Auch hier fällt es schwer, ein passendes Adjektiv für die Erweiterungsprobe zu finden. Die Erweiterung mit einem Präpositionalattribut passt jedoch:

*Am Flughafen kann man allerlei Herzzerreißendes **bei der Verabschiedung** beobachten.*
Präpositionalattribute werden mit den Präpositionen *an, auf, über, in, unter, bei* oder *vor* eingeleitet und machen genauere Angaben zum Bezugswort, in unserem Fall also zu *Herzzerreißendes.*

Strategie 3 – Signalwörter für die Großschreibung nutzen: Aus der Grundschule weiß Ihr Kind bereits, dass bestimmte und unbestimmte Artikel sowie mit Präpositionen verschmolzene Artikel wichtige Signale für die Großschreibung sein können. Dieses Repertoire an Signalwörtern erweitert sich ab der 5. Klasse noch um Pronomen und unbestimmte Zahlwörter. Daher sollte Ihr Kind bei diesen Wörtern hellhörig werden und nach dem entsprechenden Bezugswort suchen – dies wird dann in der Regel großgeschrieben.
Um den Blick für diese Signalwörter zu schärfen, können Sie beliebige Texte aus Zeitungen, Zeitschriften oder dem Internet nehmen. Ihr Kind soll zunächst alle Signalwörter darin farbig markieren. In einem nächsten Schritt untersucht es dann genau, auf welches Wort sich das Signalwort bezieht. Dazu lassen Sie Ihr Kind einen Pfeil vom Signal- zum Bezugswort zeichnen. Oft wird es dabei feststellen, dass vor dem Bezugswort noch ein Adjektiv steht (z. B. **dieser** *schnelle Läufer,* **sein** *neues Auto*).
In einigen wenigen Fällen führen die Signalwörter aber auch zu Fehlentscheidungen, so dass wir Ihnen hier die zwei

Signalwörter für die Großschreibung	Beispiele
bestimmter Artikel	der, die, das, dem, den …
unbestimmter Artikel	ein, einer, eines …
Verbindung von Präposition und Artikel	beim, im, am, ins **Achtung**: Die Auflösung in Präposition und Artikel muss im Satz möglich sein, also: bei dem, in dem, an dem, in das
unbestimmte Zahlwörter	viel, alles, nichts, wenig, einige, manche
Possessivpronomen (besitzanzeigende Fürwörter)	sein, dein, mein, unser, euer …
Demonstrativpronomen (hinweisende Fürwörter)	dieser, diese, jener, jenes, solche, solches, derselbe, dieselbe …

häufigsten Stolperfallen aufzeigen möchten. Sehen wir uns diesen Satz an:
Ich habe ein neues Auto, das alte habe ich verkauft.
Hier verführt die Kombination aus Artikel und vermeintlichem Bezugswort (*das alte*) wohl die meisten Kinder dazu, das Adjektiv großzuschreiben. Es bezieht sich jedoch das Adjektiv auf das vorangehende Nomen (*Auto*) und könnte auch im Satz ergänzt werden: *Ich habe ein neues Auto, das alte **Auto** habe ich verkauft.*
Und nicht zuletzt sind die Zahladjektive *viel, wenig, einige, manche* sowie *(der, die, das) andere* mit all ihren Beugungs- und Steigerungsformen ganz gefährlich. Sie dürfen zwar in begründeten Ausnahmefällen großgeschrieben werden,

auf keinen Fall macht man aber etwas falsch, wenn man sie kleinschreibt. Die häufigste Fehlschreibung ist *zum Einen … zum Anderen*. Diese möglichen Fehlerquellen muss sich Ihr Kind einfach merken.
Auch bei wenigen weiteren Fällen der Groß- und Kleinschreibung reichen Strategien nicht mehr aus. Hier muss Ihr Kind entweder die entsprechenden Regeln lernen oder sich zumindest der Stolperfallen bewusst sein und bei Zweifelsfällen das Wörterbuch zum Nachschlagen nutzen. Dazu zählen beispielsweise die Schreibungen von Tageszeiten und Eigennamen, die sich nicht mehr über Strategien erschließen lassen.

Kommas richtig setzen

Von allen Satzzeichen bereiten die Kommas die größten Schwierigkeiten, selbst noch im Erwachsenenalter. Einer Studie von Hartmut Melenk zufolge setzten Achtklässler jedes zweite Komma gar nicht oder an der falschen Stelle, bei Studierenden war es immer noch jedes fünfte Komma. Nur wenige Menschen können ihre Kommasetzung mit Regeln begründen, meist werden diese Satzzeichen „nach Gefühl" gesetzt. So setzen viele Jugendliche wie Erwachsene häufig bei Lesepausen ein Komma.

Das Problem: Lesepausen sind nur zum Teil identisch mit Kommastellen. Selbst ein Rechtschreibunterricht, der als Hilfe zur Kommasetzung die verschiedenen Satzarten genauer behandelt, führt leider meist nicht zum Erfolg. Im Gegenteil: Die Kommasetzung der Schüler verschlechterte sich danach sogar. Deshalb wurde in der Didaktik ein Konzept entwickelt, bei dem Schüler nicht mehr grammatisches Wissen benötigen, als dass Verbgruppen mit einem Komma voneinander abgetrennt werden. Mit dieser Strategie, die wir Ihnen gleich an ein paar Beispielen vorstellen, lassen sich die umfangreichen Regeln zur Kommasetzung zwischen Hauptsätzen, bei Nebensätzen und bei Infinitivgruppen abdecken.

Was ist eine Verbgruppe? Sätze bestehen aus ein- oder zweiteiligen Verben (*geht, muss … kaufen, hat … gesehen*) und den dazugehörigen Wortgruppen (Subjekte, Objekte).

Jedes Verb bildet mit seinen Wortgruppen eine Einheit, die mit einem Komma von anderen solchen Einheiten abgetrennt wird.

Die Strategie: Ich umkreise die verschiedenen Verben in einem Satz mit unterschiedlichen Farben. Danach unterstreiche ich alle Wörter/Wortgruppen, die zu einem Verb gehören, mit derselben Farbe wie das Verb. Zwischen die beiden farblich markierten Gruppen setze ich ein Komma als Grenze.

Sehen wir uns einige Beispiele an.

Beispiel 1: Komma bei Hauptsätzen:

Die Kinder machen Hausaufgaben, ich kümmere mich um die Wäsche.

Beispiel 2: Komma zwischen Hauptsatz und Nebensatz

Wenn du dich konzentrierst, wirst du es schaffen.

Bei diesem Satz ist nur zu beachten, dass das Verb hier einmal zweiteilig ist; *wirst* und *schaffen* gehören jedoch zusammen und müssen deshalb mit der gleichen Farbe umkreist werden.

Beispiel 3: Komma bei Relativsätzen:

Die Geschichte, die du mir erzählt hast, ist nicht glaubwürdig.

Bei diesem Relativsatz ist die zweite Verbgruppe in die erste integriert. Aus diesem Grund sind hier auch zwei Kommas nötig, um die eingeschobene Verbgruppe von der anderen abzutrennen. Anfangs mag es Ihrem Kind Schwierigkeiten bereiten, das Relativpronomen (hier: *die*) dem richtigen Verb (*erzählt hast*) zuzuordnen. Mit systematischen Übungen zu diesem Fall sind diese Probleme aber gut in den Griff zu bekommen.

Beispiel 4: Komma bei Infinitiven:

Du (*machst*) *mit, um etwas zu* (*lernen*).

Gerade bei Infinitivsätzen ist die amtliche Regelung mit ihren verbindlichen und freiwilligen Kommas sehr kompliziert. Wendet man die Strategie mit den Verbgruppen auch auf Infinitivsätze an, dann werden Infinitive generell mit einem Komma abgegrenzt. Das mag nicht in jedem Fall zwingend erforderlich sein, aber mit freiwilligen Kommas macht Ihr Kind auf keinen Fall etwas falsch.

Darüber hinaus lassen sich mit einer konsequenten Anwendung dieser Strategie zahlreiche Stolperfallen umgehen. Besonders bei Sätzen mit langen adverbialen Angaben (Ergänzungen, die im Satz etwas näher bestimmen) wird gerne bei der Sprechpause fälschlicherweise ein Komma gesetzt:

*Trotz des sofortigen Einsatzes aller Feuerwehren der Umgebung, brannte das Haus völlig nieder.

Untersucht man diesen Satz auf Verbgruppen, stellt man schnell fest, dass es nur ein Verb gibt (*brannte … nieder*) und damit kein Komma nach „Umgebung" gesetzt werden darf.

Auch bei Vergleichen mit *wie* und *als* darf nur ein Komma gesetzt werden, wenn nach dem Vergleichswort ein Nebensatz folgt (vgl. S. 177):

Klaus hat gestern mehr Süßigkeiten gegessen, als Timo in einer Woche verzehrt.

Im Vergleich dazu ohne Nebensatz:

Klaus hat gestern mehr Süßigkeiten gegessen als Timo in einer Woche.

Auch hier sorgt die Anwendung der Strategie für eine korrekte Kommasetzung, da nur im ersten Satz zwei Verbgruppen vorhanden sind, die durch ein Komma voneinander abgetrennt werden müssen.

Auch wenn mit dieser Strategie nicht alle Fälle der Kommasetzung erfasst werden, zeigen Ergebnisse aus der Praxis, dass die Kinder über diesen Zugang Kommas zunehmend sicherer setzen. Übungsmaterial zur Kommasetzung finden Sie im Online-Material Nr. 15 und 16.

Fremdwörter richtig schreiben

Die Schreibung von Fremdwörtern ist ein weites Feld. Das Deutsche entlehnt aus sehr vielen verschiedenen Sprachen Fremdwörter, und jede fremde Sprache bringt ihre eigenen Besonderheiten bei Aussprache und Schreibung mit sich. Seit der Rechtschreibreform gibt es zudem vermehrt Wörter, bei denen Schreibvarianten erlaubt sind. Die Wörter können also entweder so wie in der Ursprungssprache geschrieben werden oder wie in der eingedeutschten Variante (z. B. *Mayonnaise – Majonäse).*

Was macht Fremdwörter so schwierig?

Fehlschreibungen von Fremdwörtern entstehen durch:

- „fremde" Buchstaben bzw. Buchstabenkombinationen: So tritt das *c* im Deutschen nur in der Kombination *ch*, *ck* oder *sch* auf, in Fremdwörtern dagegen auch allein (Code, Annonce). Typisch für Fremdwörter aus dem Griechischen sind die Buchstabenverbindungen *th* oder *ph* (*Theologe, Philosophie*) und in vielen englischen Wörtern findet sich das *y* (*Hobby, Party*), das in deutschen Wörtern nur in Eigennamen vorkommen kann.
- ungewöhnliche Laut-Buchstaben-Beziehungen: Gerade Fremdwörter aus dem Französischen oder Englischen haben oft Buchstaben, die überhaupt nicht gesprochen werden (*Filet, Statement*) oder ganz ungewöhnliche Vokalfolgen wie *eau* (*Niveau*), *ou* (*Tour*) oder *ea* (*Team*).

Wie lernt man Fremdwörter richtig?

In der Schule dominiert meist ein Vorgehen, das an das Vokabellernen in den Fremdsprachen erinnert. Die Kinder erhalten eine Liste von Fremdwörtern und lernen diese zusammen mit der deutschen Bedeutung auswendig. Man nahm an, dass die Schüler die dabei erworbenen Kenntnisse bezüglich der Schreibung und Aussprache unbewusst auf Wörter desselben Strukturtyps übertragen. Inzwischen sind jedoch Zweifel aufgekommen, ob ohne bewusste Anleitung orthografische Muster erfolgreich entdeckt werden können. Daher gibt es neuere Tendenzen, nicht jedes Fremdwort als Ausnahmeschreibung bzw. Merkwort zu betrachten, sondern systematische Einsichten in die Struktur und Schreibung von Fremdwörtern zu vermitteln. Dies geschieht dadurch, dass Fremdwörter nach bestimmten Merkmalen geordnet (z. B. Fremdwörter mit *c*, Fremdwörter mit der Nachsilbe *-ine* usw.) und näher untersucht werden. Wie Sie anhand der Übungen im Online-Material Nr. 17 sehen können, werden dabei Zusammenhänge zwischen Aussprache und Schreibung hergestellt. Denn nur wenn sich Ihr Kind mögliche Schreibungen eines Fremdwortes erschließen kann, kann es das Wort auch in einem Wörterbuch finden. Unser Ratschlag für das häusliche Üben lautet also: Häufig vorkommende Fremdwörter bzw. Fremdwörter, die Ihr Kind immer wieder falsch schreibt, können Sie mithilfe der Wörterkartei trainieren. Zur Förderung des Sprachbewusstseins und als Hilfestellung für die Schreibung noch unbekannter Fremdwörter empfehlen sich zusätzlich die Übungen im Online-Material Nr. 18.

das oder *dass?*

Auf den ersten Blick erscheint die Strategie, mit der Ihr Kind entscheiden kann, ob es *dass* oder *das* schreiben muss, sehr einfach:

„Ich schreibe *das*, wenn ich es durch *dies(es)* oder *welch(es)* ersetzen kann, ansonsten schreibe ich *dass*."

Im ersten Fall liegt dann entweder ein Artikel (*das Haus*, *dieses Haus*), ein Demonstrativpronomen (*Hast du das gesehen? – Hast du dies gesehen?*) oder ein Relativpronomen (*Das Auto*, *das er sich gekauft hat – Das Auto*, **welches** *er sich gekauft hat*) vor.

Mit der Schreibung *dass* wird dagegen eine Konjunktion (*Ich weiß*, **dass** *du heute kommst*) angezeigt.

Trotzdem zeigen Studien der letzten Jahrzehnte, dass speziell die Konjunktion *dass* das Problemwort der deutschen Rechtschreibung ist. Wenn Ihr Kind hiermit auch Probleme hat, benutzen Sie besser die folgenden Strategien. (Online-Material Nr. 19 und 20)

Strategie 1 – Satzmuster beachten: Kinder, die häufig *das* statt *dass* schreiben, müssen sich bewusst machen, in welchen Zusammenhängen die Konjunktion *dass* auftreten kann, um bei entsprechenden Signalen hellhörig zu werden. So findet man sehr häufig folgendes Satzmuster:

1./3. Person Singular (*ich, er/sie/es*)
+ Verb des Sagens, Meinens, Fühlens (*glauben/wissen/meinen/denken/hoffen/sich freuen/annehmen*)
+ *dass*-Satz.

Denkt Ihr Kind bei diesem Muster an die *dass*-Schreibung, dann lassen sich Fehler in diesem Bereich bereits merklich reduzieren.

Strategie 2 – Verb-Endstellung beachten: Vergleicht man darüber hinaus Sätze mit *das* als Demonstrativpronomen und Sätze mit der Konjunktion *dass*, dann kann

auch die Stellung des Verbs ein guter Hinweis für die Schreibung sein. Sehen wir uns das an zwei Sätzen an:

Ich weiß, **das** *ist ein großes Unrecht.*
(Demonstrativpronomen, also *das*, denn das gebeugte Verb steht nicht am Ende)

Ich weiß, **dass** *das ein großes Unrecht ist.*
(Konjunktion, also *dass*, denn das gebeugte Verb steht am Ende)

Wie Sie sehen, steht im Satz mit der Konjunktion das gebeugte Verb am Ende. Der Vollständigkeit halber sei erwähnt, dass auch in Relativsätzen mit *das* das gebeugte Verb am Ende steht (*Ich habe das Buch*, **das** *du mir geliehen* **hast**). Diese Konstruktionen kommen jedoch in Texten äußerst selten vor, und Fehlerstatistiken haben zudem gezeigt, dass das Relativpronomen *das* und die Konjunktion *dass* so gut wie nicht verwechselt werden.

Ein schwieriges Thema:
die Getrennt- und Zusammenschreibung

Auf den ersten Blick erscheinen die Grundregeln der Getrennt- und Zusammenschreibung relativ einfach: Bestandteile **eines** Wortes schreibe ich zusammen, Bestandteile in Wortgruppen und Sätzen schreibe ich getrennt. So beherrschen wir den Kernbereich der Getrennt- und Zusammenschreibung in der Regel relativ sicher, wie man an den folgenden zwei Sätzen sieht:

Meine **Haarbürste** *ist neu.*
Mein **Haar bürste** *ich täglich.*

Im ersten Fall liegt eindeutig **ein** Wort vor; aus *Haar* und *Bürste* entstand die Zusammensetzung *Haarbürste*. Im zweiten Satz stellt dagegen *bürste* das Prädikat des Satzes dar, während *mein Haar* das dazugehörige Objekt ist.

Was die Getrennt- und Zusammenschreibung so schwierig macht, sind die Zweifelsfälle, bei denen die gelernten Regeln zu keinem eindeutigen Ergebnis führen. Hinzu kommt, dass kein anderer Bereich der Rechtschreibung so viele Variantenschreibungen zulässt (vgl. z. B. *kennenlernen/kennen lernen; auf Grund/aufgrund*), was zu zusätzlichen Verunsicherungen führt. Nicht zuletzt muss das Kind in einigen Fällen noch beachten, dass es durch die Entscheidung für die Getrennt- oder Zusammenschreibung eine bestimmte Wortbedeutung vorgibt, z. B.

*Sie müssen die schweren Tüten **zusammen tragen*** (= miteinander tragen).

*Sie müssen viele Argumente **zusammentragen*** (= sammeln).

Im Unterricht werden die Schüler häufig mit einer Vielzahl an Regeln ausgestattet und sollen so die Getrennt- und Zusammenschreibung meistern. Die Praxis zeigt jedoch, dass die große Anzahl an Regeln die Kinder meist nur verwirrt. Daher möchten wir Ihnen einige Strategien an die Hand geben, die zum Teil wortartunabhängig funktionieren und vor allem überschaubar bleiben. Damit lassen sich zwar nicht alle Fälle der Getrennt- und Zusammenschreibung eindeutig klären, doch dies gelingt oft auch nicht mithilfe der vielen Regeln. Kommt Ihr Kind mit den angeführten Strategien zu keiner

klaren Entscheidung, dann sollte es das Wörterbuch zu Rate ziehen.

Denn eines sollten Sie bedenken: Selbst unter Sprachwissenschaftlern wird die z. T. fehlende Systematik der Getrennt- und Zusammenschreibung kritisiert.

Strategien für die Getrennt- und Zusammenschreibung

Strategie 1: Entsteht eine neue Gesamtbedeutung?

Bei dieser Strategie muss sich Ihr Kind die Frage stellen: „Entsteht durch die Verbindung zweier Wörter eine neue Gesamtbedeutung, die sich nicht aus den Bedeutungen der einzelnen Wörter zusammensetzt? Wenn ja, dann schreibe ich zusammen."

Sehen wir uns das an ein paar Beispielen an: Im Satz *Er muss die Nachspeise **kalt stellen*** geht es wirklich darum, dass man das Dessert an einem kühlen Ort lagert. Dagegen stellt man seinen Gegner im Satz *Er wird seinen politischen Gegner **kaltstellen*** nicht in den Kühlschrank, sondern versucht, ihn einflusslos zu machen; *kaltstellen* wird hier also im übertragenen Sinn verwendet.

In einigen Fällen bleibt es auch dem Schreiber überlassen, ob er getrennt oder zusammen schreibt, etwa:

*Sie möchte auf dem Sofa **sitzen bleiben**.* (= nicht aufstehen) und

*Sie wird diesmal nicht **sitzenbleiben** / **sitzen bleiben*** (= nicht versetzt).

Hier zeigt sich zwar einmal mehr das Fehlen einer durchgängigen Systematik, aber wenn Ihr Kind grundsätzlich bei einer neuen Gesamtbedeutung zusammenschreibt, macht es nichts falsch.

Strategie 2 – Auf die Betonung achten:

Die Betonungsprobe ist eng mit Strategie 1 verbunden. Sie lautet: Wird bei einer Verbindung von zwei Wörtern nur der erste Bestandteil betont, dann schreibe ich zusammen.

Probieren Sie es aus: *Gestern habe ich ihn endlich wiedergesehen* – der erste Teil des Wortes wird betont, also Zusammenschreibung.

Sagen Sie jedoch *Gestern habe ich ihn wieder gesehen (= erneut gesehen),* schreiben Sie getrennt.

Hier muss man jedoch auf eine Sache achten: Diese Regelung gilt nicht für untrennbare Wortverbindungen. Damit sind Wortverbindungen gemeint, die in jeder möglichen Satzstellung immer zusammengeschrieben werden, z. B.

*Wir müssen vor dem Test die Regeln **wiederholen,** also nicht *Vor dem Test **holen** wir die Regeln **wieder.***

Die Betonungsregel hat sich für die meisten Schüler als besonders hilfreich erwiesen. Um ein Gespür für unterschiedlich starke Betonungen zu entwickeln, finden Sie im Online-Material Nr. 21 nützliche Übungen.

Strategie 3 – Fugenelemente beachten:

Bei dieser Strategie gilt: „Steht zwischen zwei Wörtern ein Fugenelement, dann schreibe ich die Wortverbindung zusammen." Fugenelemente werden oft bei Zusammensetzungen zwischen die Wortstämme eingefügt. Zu den häufigs-

ten Fugenelementen zählen:

-s- (*alter**s**schwach*)

-n- (*Urkunde**n**fälschung*)

-e- (*werb**e**wirksam*)

-es- (*Freund**es**kreis*)

-ens- (*Schmerz**ens**geld*)

Strategie 4 – Steigerungsprobe:

Diese Strategie kann eingesetzt werden, wenn der erste Bestandteil einer Verbindung **ein Adjektiv** ist. Sie lautet: „Kann ich das Adjektiv in der Verbindung nicht steigern, dann schreibe ich zusammen."

Das wollen wir uns ebenfalls an einigen Beispielen ansehen. So führt die Probe bei Verbindungen aus Adjektiv + Nomen eindeutig zu Zusammenschreibung:

Sie betreibt Langlauf,

aber nicht **Sie betreibt Längerlauf.*

Gleiches gilt für Verbindungen aus Adjektiv + Verb:

Der Arzt muss ihn krankschreiben,

nicht **Er muss ihn kränkerschreiben.*

Sie funktioniert selbstverständlich auch bei Beispielen, in denen im Regelteil Getrenntschreibung vorgeschrieben ist:

Du darfst ruhig nahe kommen

Du darfst ruhig näher kommen.

Hier ist eine Steigerung möglich, weshalb die beiden Wörter getrennt zu schreiben sind.

Strategie 5 – Erweiterungsprobe:

Um diese Strategie einsetzen zu können, muss der erste Bestandteil einer Verbindung **ein Nomen** sein. Sie lautet: Kann ich das Nomen mit einem Adjektiv (+ Artikel) erweitern? Wenn nicht, dann schreibe ich zusammen.

Probieren wir das an den Zweifelsfällen der Getrennt- und Zusammenschreibung. *Auto/Rad fahren* und *Schlange stehen* schreibt man getrennt, *eislaufen* und *kopfstehen* dagegen zusammen.

Zu dieser Schreibung gelange ich auch mittels der Erweiterungsprobe:

*Sie fährt Rad. Sie fährt **ein rotes** Rad.*

Aber: *Sie wird im Winter eislaufen.*

Weil *Sie wird im Winter ein **kaltes Eis** laufen* Unsinn ist.

Mit diesen fünf Strategien lassen sich viele Zweifelsfälle der Getrennt- und Zusammenschreibung lösen. Für alle weiteren Fälle ist es ökonomischer, ein Wörterbuch zu Rate zu ziehen, andernfalls sollte Ihr Kind die Zusammenschreibung wählen, denn diese dominiert seit der Neuregelung 2006. Weitere Übungen finden Sie im Online-Material Nr. 22.

Die Strategien ab der 5. Klasse auf einen Blick

Ziel	Strategie
Groß- und Kleinschreibung sicher beherrschen	1. Erweiterungsprobe mit Adjektiv Sie muss das **fehlerfreie** Lesen erst noch lernen. 2. Erweiterung mit Genitiv- oder Präpositionalattribut Jeder Einzelne **der Anwesenden** ist verantwortlich. Man kann allerlei Herzzerreißendes **bei der Verabschiedung** beobachten. 3. An Signalwörtern die Großschreibung erkennen: *der, die, das, ein, einer, beim, im, am, ins, viel, nichts, wenig, manche, dein, mein, dieser, jener, solche …*
Kommas richtig setzen	• Die Verben in einem Satz mit unterschiedlichen Farben umkreisen. • Die zu einem Verb gehörenden Wortgruppen mit derselben Farbe wie das Verb unterstreichen. • Das Komma bildet die Grenze zwischen den beiden farblich markierten Gruppen.

Fremdwörter richtig schreiben	mithilfe der Wörterkartei trainieren
das oder *dass*?	1. Ersatzprobe *dies(es)/welch(es)* 2. häufig vorkommende Satzmuster beachten: *ich/er/sie/es* + Verb des Sagens, Meinens, Fühlens + *dass*-Satz 3. Verb-Endstellung zur Unterscheidung von Konjunktion *(dass)* und Demonstrativpronomen *(das)* beachten
Getrennt- und Zusammenschreibung sicher beherrschen	1. Entsteht durch die Verbindung zweier Wörter eine neue Gesamtbedeutung? → Zusammenschreibung *Sie müssen viele Argumente zusammentragen (= sammeln).* 2. Wird bei einer Verbindung von zwei Wörtern nur der erste Bestandteil betont? → Zusammenschreibung *Die Summe wird seinem Konto gut̲-geschrieben.* 3. Steht zwischen zwei Wörtern ein Fugenelement? → Zusammenschreibung *Das ist sehr werbewirksam.* 4. Kann ich das Adjektiv in der Verbindung nicht steigern? → Zusammenschreibung *Der Arzt muss ihn **krankschreiben** (*kränkerschreiben).* 5. Kann ich das Nomen in einer Verbindung nicht mit einem Adjektiv erweitern? → Zusammenschreibung *Sie wird eislaufen. (*Sie wird ein kaltes Eis laufen.)*

So unterstützen Sie Ihr Kind beim Rechtschreiben

Was Sie über das richtige Üben wissen sollten

Vielleicht kennen Sie das: Sie haben mit Ihrem Kind ganz intensiv die Rechtschreibung geübt, und dennoch wimmelt es im Aufsatz oder im Diktat wieder vor Fehlern. Das frustriert natürlich sowohl Ihr Kind als auch Sie selbst, und Sie sind ratlos, was Sie denn noch machen sollen. Ohne Erfolgserlebnisse schwindet die Motivation schnell. Doch gerade beim Rechtschreibenlernen ist die Gefahr des Motivationsverlusts sehr hoch, da Rechtschreibstrategien und -regeln nicht wirklich ein spannender Lernstoff sind und das Üben meist mit Abschreiben und Aufschreiben verbunden ist, was bei den Schülern und Schülerinnen ebenfalls selten beliebt ist. Nicht zuletzt erscheint durch die Vielzahl an Regeln das Ziel, jemals richtig schreiben zu können, vielen Kindern sowieso in unerreichbarer Ferne. Viele Schüler möchten deshalb das Thema Rechtschreiben am liebsten ganz weit wegschieben. Aber nur das Gegenteil verspricht Erfolg: Wer richtig schreiben können will, erreicht das nur durch Üben. In diesem Kapitel möchten wir Ihnen deshalb einige Grundsätze vorstellen, die auf Erkenntnissen der Lernpsychologie beruhen. Sie verhelfen zwar nicht zu einem schnellen Wunder, wenn Sie sie jedoch immer im Hinterkopf behalten, werden sich im Laufe eines Schuljahres erkennbare Verbesserungen bei der Rechtschreibleistung Ihres Kindes einstellen.

Auf individuelle Schwierigkeiten achten

Schon aus Zeitgründen ist es sinnvoll, nur das zu üben, was man nicht kann, und das dafür ausführlicher und intensiver. Lassen Sie Ihr Kind also nicht die Trainingsmaterialien von der ersten bis zur letzten Seite durcharbeiten, sondern wählen Sie gezielt diejenigen Bereiche aus, bei denen es noch gehäuft Fehler macht. Bereits im nächsten Kapitel (siehe S. 60) erfahren Sie, wie Sie mit relativ einfachen Mitteln die Fehlerschwerpunkte Ihres Kindes ermitteln können.

Realistische Übungsziele setzen

Da Rechtschreibung an sich die meisten Kinder nicht so fasziniert, dass sie von sich heraus zum Üben bereit sind, ist es schwierig, ihre Bereitschaft zu wecken. Wichtig ist, dass Ihr Kind lernt, selbst Verantwortung für das Üben zu übernehmen.

Dazu gehört als Erstes, dass sich Ihr Kind – mit zunehmendem Alter möglichst selbstständig – ein Übungsziel setzt. Dieses Übungsziel sollte überschaubar und in naher Zukunft erreichbar sein. Ähnlich wie gute Vorsätze wie „Ich möchte von Kleidergröße L auf Größe M abnehmen" häufig scheitern und man frustriert aufgibt, läuft es auch beim Rechtschreibüben. Wenn Ihr Kind z. B. gehäuft Fehler bei der Groß- und Kleinschreibung und der Kommasetzung macht, werden diese nicht innerhalb von zwei bis drei Monaten Training völlig aus seinen Aufsätzen verschwinden.

Kinder brauchen jedoch die Erfahrung, dass sie etwas können, damit sie sich selbst etwas zutrauen. Nur so sind sie bereit, die Anstrengungen des Übens auf sich zu nehmen. Fortschritte, selbst wenn es nur kleine sind, müssen sichtbar gemacht werden. So könnte für das obige Beispiel ein erstes Übungsziel lauten: „Ich möchte die Anzahl meiner Fehler bei der Groß- und Kleinschreibung innerhalb der nächsten zwei Monate halbieren." Damit wird ein überschaubarer Zeitraum festgelegt.

Für die Überprüfung des Übungserfolgs bietet sich eine Idee des Rechtschreibdidaktikers Günther Thomé an, die dieser sehr erfolgreich unter anderem bei der Therapie von Schülern mit Legasthenie oder Lese-Rechtschreibschwäche einsetzt. Dazu benötigen Sie zwei bis drei Texte (auf keinen Fall weniger, da es individuelle Schwankungen innerhalb von Texten gibt), die Ihr Kind bis zum Beginn des Rechtschreibtrainings geschrieben hat. Zählen Sie darin jeden Fehler (auch Wiederholungsfehler), der dem Bereich Groß- und Kleinschreibung zuzuordnen ist. Die Anzahl der Fehler wird mal 100 genommen und durch die Anzahl der Gesamtwörter der Texte geteilt. So haben Sie einen Fehlerindex ermittelt, der Ihnen zeigt, wie viele Fehler pro 100 Wörter Ihr Kind im Bereich Groß- und Kleinschreibung vor Trainingsbeginn gemacht hat. Das Gleiche wiederholen Sie nach zweimonatigem Training wiederum mit zwei bis drei Texten, die Ihr Kind dann schreibt.

Sie und vor allem Ihr Kind werden einen messbaren Lernfortschritt feststellen können. Das liegt unter anderem daran, dass sich Ihr Kind auf einen Übungsschwerpunkt konzentriert hat und dadurch in der Regel wirklich motiviert ist, sich in der eigenen Fehleranzahl zu unterbieten.

Rechtschreibtraining und freies Schreiben gehören zusammen

Rechtschreiben darf nicht ausschließlich isoliert mit entsprechenden Materialien geübt werden, denn nur wer selbst Texte verfasst, lernt richtig schreiben. Wenn Ihr Kind für andere Kinder Texte schreibt oder diese in der Klasse veröffentlicht werden, dann müssen sie auch gut lesbar sein, und das sind sie am besten, wenn sie richtig geschrieben sind. Das Verfassen kleiner Geschichten oder Aufsätze mit anschließender Überarbeitung ist ein gutes Rechtschreibtraining, denn hier fallen Üben und Anwendung zusammen. Wie das am besten geht, dazu finden Sie auf S. 69 hilfreiche Tipps.

Viele Sinneskanäle ansprechen

Die meisten Menschen lernen besser und können Inhalte schneller und länger behalten, wenn das Lernen über mehrere Sinne erfolgt. Diese Tatsache sollte man auch beim Rechtschreiben nutzen, indem bei Übungen nicht nur das Auge (beim Lesen der Wörter) und die Bewegung (beim Schreiben) beteiligt werden, sondern auch das Ohr (indem Ihr Kind etwa

Auf einen Blick: Übungsgrundsätze

- die individuellen Fehlerschwerpunkte ermitteln und gezielt an diesen arbeiten

- realistische Übungsziele setzen und deren Erfolg immer wieder überprüfen

- Rechtschreibtraining und freies Schreiben miteinander kombinieren

- viele Sinneskanäle ansprechen

- mehrere kurze Übungseinheiten pro Woche statt einer langen

Wörter silbisch spricht) und, besonders wichtig, das Sprachdenken. Damit ist z. B. gemeint, dass schwierige Stellen in Wörtern, sogenannte Aufpassstellen, farbig markiert werden oder einzelne Schreibungen begründet werden müssen. Welche Aufgaben dazu besonders geeignet sind und worauf Sie bei Rechtschreibmaterialien achten sollten, erfahren Sie auf S. 65.

Kurzes Üben ist sinnvoller als langes

Zahlreiche wissenschaftliche Untersuchungen zeigen, dass bei gleicher Gesamtübungszeit der Lernerfolg bei mehreren kleinen Einheiten größer ist als bei wenigen langen Lernblöcken. Statt also einmal die Woche eine Stunde am Stück das Rechtschreiben zu üben, sind drei Lerneinheiten zu je 20 Minuten pro Woche deutlich effektiver. Überfordern Sie weder Ihr Kind noch sich selbst – kontinuierliches Lernen in kleinen Portionen führt langfristig zum Erfolg.

Fehlerschwerpunkte ermitteln und gezielt üben

Üben ist anstrengend und kostet Zeit. Daher ist es sinnvoll, die Übungszeit so effektiv wie möglich zu gestalten. Dies ist dann der Fall, wenn Sie mit Ihrem Kind genau das trainieren, was es noch nicht kann. Statt Aufgaben zu sämtlichen Rechtschreibphänomenen zu machen, üben Sie also überwiegend die Bereiche, bei denen es noch Defizite gibt. Allerdings ist es für Sie als Eltern oft schwierig zu erkennen, wo genau die Fehlerschwerpunkte ihres Kindes liegen. Um das herauszubekommen, schauen

Sie am besten die Rechtschreibfehler in den freien Texten Ihres Kindes an. Treten ähnliche Fehler auf, schreibt Ihr Kind also z. B. *öfnete*, *geschaft* und *kammen*, dann hat es wahrscheinlich noch große Unsicherheiten bei der Mitlautverdoppelung.

Einige Fehlerschwerpunkte sind jedoch für den Laien nicht so schnell erkennbar. Daher bietet Ihnen dieser Ratgeber jeweils Testdiktate für einzelne Altersstufen, mit denen Sie schnell und unkompliziert überprüfen können, ob Ihr Kind schon alle von den Lehrplänen bis zu einer bestimmten Jahrgangsstufe geforderten Lerninhalte beherrscht.

In der Nacht

Leuchtende Sterne spiegeln sich im Teich.
Ein Frosch quakt leise auf seinem Stein.
Auch die Lieder der Amsel sind zu hören.
Eine Eule schreit und sucht mit ihren guten Augen nach einem Wurm oder einer Maus. Die Hirsche springen spielerisch durch Wiesen und Felder. Feuchter Nebel kriecht hoch.

In diesem Kapitel zeigen wir Ihnen exemplarisch anhand des Testdiktats für die 2. Klasse, wie Sie das Diktat mit Ihrem Kind schreiben und es anschließend auswerten. Die Diktattexte und Auswertungsbögen für unterschiedliche Klassen finden Sie im Online-Material Nr. 23–26. In den Online-Materialien sehen Sie, wann Sie die einzelnen Testdiktate frühestens einsetzen können. Da die Diktate in ihren Anforderungen aufeinander aufbauen, kann es sinnvoll sein, z. B. mit einem Sechstklässler das Diktat für die 4. Klasse zu schreiben. Damit können Sie überprüfen, ob noch Defizite bestehen, die eigentlich schon in früheren Jahrgangsstufen behoben worden sein sollten. Die Tabelle zeigt Ihnen also auch, bis wann Sie die einzelnen Diktate einsetzen können.

Tipps für das Diktieren

Lesen Sie sich zunächst das Diktat links durch. Für das Diktieren gilt:

* Um das Testergebnis nicht zu verfälschen, besprechen oder üben Sie bitte keine Wörter aus dem Text vorher.
* Lesen Sie den Text einmal ganz vor. Danach diktieren Sie ihn abschnittsweise. Dabei sollten Sie das Diktiertempo an das Schreibtempo Ihres Kindes anpassen und gegebenenfalls Zeit zum Nachdenken über eine Schreibung geben.
* Beim Diktattest für die 2. Klasse werden alle Satzzeichen noch mitdiktiert, bei den Diktaten für ältere Schüler

finden Sie Angaben dazu, welche Satzzeichen Sie diktieren müssen und welche das Kind selbst korrekt setzen muss.

* Bitte geben Sie Ihrem Kind auch nicht durch übermäßige Betonung einzelner Laute einen Hinweis auf die Schreibung, sondern lesen Sie den Text in ganz normaler Alltagssprache vor.
* Am Schluss wird der Diktattext noch einmal komplett vorgelesen. Falls Ihr Kind dann noch Zeit für Korrekturen benötigt, ist dies erlaubt.

Das Testdiktat auswerten

Für die Beurteilung der Testdiktate benötigen Sie die dazugehörigen Auswertungsbögen. Diese finden Sie alle online zum Ausdrucken.

* Zunächst markieren Sie sämtliche falschen Wörter und fehlerhaften bzw. fehlenden Satzzeichen im Text.
* Danach kontrollieren Sie für die einzelnen Rechtschreibphänomene, ob die Testwörter an den Lupenstellen (die fett markierten Teile der Wörter, siehe Auswertungsbogen) richtig geschrieben wurden. Jede rechtschriftliche Besonderheit wird dabei mit einer bestimmten Anzahl an Wörtern abgeprüft. Bei der Auswahl wurde darauf geachtet, dass diese möglichst zuverlässig über die Beherrschung des Phänomens Auskunft geben. Wie Sie in unserem Beispieldiktat sehen, kann man mit einzelnen Testwörtern verschiedene Rechtschreibphänomene abprüfen.

> *In dea nacht*
>
> *Leuchtene Schtene schpigeln sich im*
>
> *teich. Ein Frosch quakt leise auf seinem*
>
> *Schtein. Auch die Lida dea Amsel sint*
>
> *zu hörn. Eine Eule schreit und sucht mit*
>
> *iren guten augen nach einem Wuam oda*
>
> *einer Maus. Die hiasche schpringen*
>
> *schpilarisch durch wisen und felder.*
>
> *Feuchta Nebel kricht hoch.*

Bei der Auswertung interessiert aber nur, ob das Wort an der Lupenstelle korrekt verschriftlicht wurde, Fehler an anderer Stelle im Wort werden ignoriert. Hat Ihr Kind die Lupenstelle falsch geschrieben, dann streichen Sie das Wort im Auswertungsbogen durch.

- Zum Schluss tragen Sie in die letzte Spalte die Anzahl von Wörtern ein, bei denen die Lupenstelle korrekt war.

Sehen wir uns die Auswertung an einem konkreten Beispiel an. Die Schülerin bekam den Text am Ende der 1. Klasse diktiert (den Auswertungsbogen finden Sie gegenüber). Bitte beachten Sie, dass die Groß- und Kleinschreibung wirklich nur bei den beiden Punkten „Großschreibung am Satzanfang" und „Großschreibung von Nomen" bewertet wird. Schreibt also ein Kind fälschlicherweise „nacht", dann wird dieses Wort beim Phänomen „lauttreue Wörter" dennoch als richtig gezählt, da jeder hörbare Laut korrekt verschriftet wurde. Das Testwort wird nur beim Phänomen „Großschreibung von Nomen" durchgestrichen. Einen Überblick darüber, was Ihr Kind in welcher Klasse jeweils können sollte, finden Sie auf den S. 23 und 32.

Auswertungsbogen für das Testdiktat „In der Nacht" (Ende 1./Anfang 2. Klasse)

Rechtschreibphänomen	Testwörter mit Lupenstelle	Anzahl korrekter Lupenstellen
lauttreue Wörter	Nacht, Frosch, auch, sucht, Maus, hoch	6 von 6
Regelhaftigkeit: *eu*	leuchtende, Eule, feuchter	3 von 3
Regelhaftigkeit: *ei*	Teich, leise, seinem, Stein, schreit	5 von 5
Regelhaftigkeit: *qu*	quakt	1 von 1
sp im Anlaut	~~spiegeln, springen, spielerisch~~	0 von 3
st im Anlaut	~~Sterne, Stein~~	0 von 2
r nach Vokal	~~Sterne, Wurm, Hirsche~~, durch, ~~spielerisch~~	1 von 5
langes /i/ als *ie*	~~spiegeln, Lieder, spielerisch, Wiesen, kriecht~~	0 von 5
Großschreibung am Satzanfang	In, Leuchtende, Ein, Auch, Eine, Die, Feuchter	7 von 7
Großschreibung von Nomen	~~Nacht~~, Sterne, ~~Teich~~, Frosch, Stein, Lieder, Amsel, Eule, ~~Augen~~, Wurm, Maus, ~~Hirsche, Wiesen, Felder~~, Nebel	9 von 15
Endung -*en*	~~hören~~, guten, Augen, springen, Wiesen	4 von 5
Endung -*er*	~~der, Lieder, oder~~, Felder, ~~feuchter~~	1 von 5
Endung -*el*	spiegeln, Amsel, Nebel	3 von 3

Die Fehlschreibungen der Schülerin aus dem Beispiel zeigen, dass in sechs von 13 Bereichen noch Übungsbedarf besteht. So müssten zunächst phonologische Regelhaftigkeiten wie die Schreibung von *st/sp* im Anlaut gesichert werden, z. B. bei *Stein* oder *springen*. Ebenso bereiten das vokalisierte /r/ sowie die Endung *-er* noch große Probleme (*Wurm, der*). Auch die Verschriftlichung des lang gesprochenen i-Lautes mit *ie* (*Wiese*) scheint unbekannt zu sein – eventuell wurde dieses Phänomen im Unterricht noch nicht behandelt. Nicht zuletzt zeigen sich deutliche Unsicherheiten bei der Großschreibung von Nomen.

Wenn Ihr Kind in mehreren Bereichen Schwächen aufweist, dann hat es wenig Sinn, alle Fehlerschwerpunkte zeitgleich zu bearbeiten. Vielmehr sollten Sie eine Auswahl treffen und nach und nach die einzelnen Probleme bearbeiten.

Wie Sie gute Rechtschreibmaterialien erkennen

Sieht man sich in Buchhandlungen die Abteilung mit den Lernhilfen zur Rechtschreibung an, findet sich für jede Jahrgangsstufe ein reichhaltiges Angebot. Als Eltern werden Sie sich wahrscheinlich fragen, wie Sie hier die richtige Auswahl treffen sollen.

Es gibt ein paar relativ einfache Kriterien, an denen Sie gute Aufgabenstellungen erkennen können. Wir möchten Ihnen dazu einige konkrete Beispielaufgaben vorstellen.

Zum Nachdenken über Rechtschreiben anregen

Damit Ihr Kind die Rechtschreibstrategien verinnerlicht, ist es wichtig, sie ihm immer wieder bewusst zu machen. Das wird durch Aufgabenstellungen gefördert, bei denen nicht nur Buchstaben in Lücken ergänzt werden müssen, sondern auch eine Begründung für die Schreibung verlangt wird. In folgendem Beispiel müssen die Schüler die Wörter verlängern und diese Probe auch aufschreiben. So wird ausgeschlossen, dass das Kind solche Aufgaben nach dem Rateprinzip bearbeitet:

> Entscheide dich bei den fehlenden Wortenden jeweils zwischen b oder p, d oder t sowie g oder k, indem du die Verlängerungsprobe anwendest.
>
> | Schrank | Schränke |
> |---------|----------|
> | bun___ | _____ |
> | gesun___ | _____ |
> | We___ | _____ |

Zum Sprachhandeln auffordern

Bei Übungen, die zum sogenannten Sprachhandeln auffordern, spricht das Kind z. B. Wörter langsam und deutlich, macht sich die Lautqualität der Vokale bewusst (lang oder kurz gesprochen?) und markiert diese auch am Wort. Ein Beispiel:

> Sprich die Wörter deutlich aus und achte auf den i-Laut. Setze einen Punkt unter alle kurzen i-Laute und einen Strich unter die langen i-Laute.
>
> Hilfe – spielen – Lieder – ihn – viele – wichtig – Kirschen – Igel – Vieh – Zwiebel – Kinder – vier

Zum Sprachhandeln zählt auch das Hervorheben von Aufpassstellen bei Wörtern, die keinen Rechtschreibregeln folgen. Betrachten Sie folgende Übung:

> Ordne die Wörter mit den Doppelvokalen nach dem ABC.
> Markiere dann den doppelten Vokal.
>
> Schnee – Boot – Saal – Aal – See – Waage – Moos – Zoo – Meer

Hinter dem Sprachhandeln stecken wesentliche Erkenntnisse aus der Lernpsychologie. So weiß man, dass ein Kind, soll es erfolgreich lernen, seine volle Aufmerksamkeit auf den Lerngegenstand ausrichten muss. Durch das Sprechen und Markieren kommt es nicht umhin, sich die Besonderheiten der Schreibung noch einmal bewusst zu machen – ein gedankenloses Abschreiben von Wörtern ist so nicht mehr möglich. Hinzu kommt, dass Inhalte umso besser behalten werden, je tiefer sie verarbeitet werden. Dem kommt ein Lernen mit allen Sinnen, also den Augen, dem Ohr, der Sprech- und der Schreibbewegung entgegen.

Die Vielfalt der Strategien für ein Rechtschreibphänomen berücksichtigen

Für einige komplexere Rechtschreibphänomene (z. B. Groß- und Kleinschreibung; Getrennt- und Zusammenschreibung) gibt es, wie Sie gelesen haben, unterschiedliche Strategien, die bei der richtigen Schreibung weiterhelfen können.

Wenn in Trainingsmaterialien diese verschiedenen Strategien zum Einsatz kommen, steht den Schülern in Zweifelsfällen der Rechtschreibung ein größeres Repertoire für die Entscheidungsfindung zur Verfügung. So sind beispielsweise für den Bereich der Groß- und Kleinschreibung Aufgabenstellungen gut, die nicht nur die Artikelprobe, sondern auch die Erweiterungsprobe mit einem Adjektiv oder die Pluralbildung als Strategien trainieren:

Führe mindestens drei Beweise an, warum das fettgedruckte Wort großgeschrieben werden muss.

Ich gehe heute zum **Spiel**.

Hier werden die Schüler also aufgefordert, zentrale Strategien für die Großschreibung anzuwenden. Mögliche Lösung könnte sein: Pluralbildung (*ein Spiel – viele Spiele*), Erweiterungsprobe (*Ich gehe heute zum **wichtigen** Spiel*) oder Artikelprobe (*Ich gehe heute zu **dem** Spiel*)

Die Ähnlichkeitshemmung beachten

Auch wenn Sie wahrscheinlich noch nie etwas von dem ungarischen Psychiater Paul Ranschburg gehört haben, kennen viele von Ihnen das Ranschburg'sche Phänomen bzw. die sogenannte Ähnlichkeitshemmung aus eigener Erfahrung. Wenn Sie z. B. Schwierigkeiten mit der Rechts-Links-Unterscheidung haben, mag das daran liegen, dass Ihnen „links" und „rechts" gleichzeitig beigebracht wurde. Sinnvoller wäre es gewesen, wenn man zuerst nur eine Richtung verfestigt hätte, damit es nicht zu Verwechslungen kommt.

Diese Ähnlichkeitshemmung kann auch im Bereich der Rechtschreibung auftreten, wenn Ähnliches gleichzeitig gelernt wird. Bei Schreibanfängern sollten z. B. die Buchstaben *B*/*b* und *D*/*d* nur mit deutlichem Abstand zueinander eingeführt werden. Ansonsten ist die Gefahr groß, dass die Kinder die Kleinbuchstaben aufgrund ihrer Ähnlichkeit verwechseln.

Solange sich Schreibungen durch eine Strategie herleiten lassen, sind Übungen, bei denen sich die Schülerinnen und Schüler bei ähnlichen Lauten für eine Schreibweise entscheiden müssen, in der Regel unproblematisch, wie das folgende Beispiel zeigt:

> Schreibst du mit *eu, äu, e* oder *ä*?
> Kreise die richtige Schreibweise ein.
>
> Stängel / Stengel
> treumen / träumen
> Mäute / Meute
> bläulich / bleulich

Anders sieht es bei Merkwörtern aus, deren Schreibung man sich einprägen muss, da es keine allgemeingültige Regel gibt, z. B. Wörter mit dem ks-Laut. Wie Sie bereits wissen, kann man diese mit *x (Hexe)*, *chs (Luchs)*, *cks (Klecks)* oder *ks (links)* schreiben.

Hier sollte Ihr Kind zunächst nur Aufgaben üben, die eine Form der Verschriftung behandeln, z. B. nur Wörter mit *x*. Diese können dann zudem mithilfe einer Wörterkartei (siehe S. 41) eingeprägt werden. Mit deutlichem zeitlichen Abstand werden dann Wörter mit *chs, cks* bzw. *ks* trainiert. Erst wenn die einzelnen Schreibungen schon gut verfestigt sind, sind Gegenüberstellungsaufgaben nach folgendem Muster, z. B. im Rahmen eines Abschlusstests zu einer Übungseinheit, sinnvoll:

> Setze ein: *x, chs* oder *ks*?
> Ke____e – Fu_____ – Ta____i

Neben den bereits vorgestellten Kriterien zeichnen sich gute Rechtschreibmaterialien durch einige weitere Aspekte aus. Die Checkliste auf der folgenden Seite fasst die wichtigsten Qualitätskriterien noch einmal zusammen.

Checkliste: Gute Rechtschreibmaterialien ...

- bieten viele Aufgabenstellungen, die zum Nachdenken über die Schreibungen anregen und auf Strategieanwendung abzielen

- fordern zum Sprachhandeln auf, z.B. Wörter sprechen lassen, Aufpass-Stellen markieren oder Signalwörter unterstreichen lassen

- gehen im Umgang mit bestimmten Rechtschreibphänomenen auf die Vielfalt der Strategien ein

- unterstützen den Aufbau von Methodenwissen, z.B. Nachschlagen im Wörterbuch, Korrigieren von Fehlertexten

- beachten die Gefahren der Ähnlichkeitshemmung

- bieten Kontrollmöglichkeiten, auch zur Selbstkontrolle. Ihr Kind sollte eigenständig mit dem Material arbeiten und sich selbst kontrollieren können; bei schwierigeren Aufgaben sollten kurze Hinweise in der Lösung zu finden sein.

- haben gut verständliche Arbeitsanweisungen: Achten Sie darauf, dass die gleichen Begrifflichkeiten verwendet werden, wie Ihr Kind sie aus der Schule kennt, z.B. „Nomen" oder „Substantiv", oder schreiben Sie die ihm geläufigen Bezeichnungen darüber.

Wie Ihr Kind Fehler in seinen Texten besser findet

Der eigentliche Sinn der Rechtschreibung zeigt sich beim Lesen: Der Leser kann meine eigenen Texte umso müheloser lesen, je korrekter meine Rechtschreibung ist. Die richtige Schreibung in Texten ist also vor allem für den Leser hilfreich. Wird Kindern dieser Zusammenhang bewusst gemacht, dann sehen sie meist eher ein, warum eine Überarbeitung nach dem Schreiben so wichtig ist. Vielen Kindern erscheint nämlich Rechtschreibung als Selbstzweck: Fragt man Schüler nach den Gründen, warum sie die richtige Rechtschreibung lernen sollen, erhält man oft Antworten wie „Weil die Lehrerin will, dass wir richtig schreiben" oder „Damit ich eine gute Note im Diktat bekomme."

Grundsätzlich lässt sich sagen, dass die Überarbeitung selbst geschriebener Texte stark vom Alter und der Entwicklung des Kindes abhängig ist und Schüler in der 1. und 2. Klasse noch kaum dazu in der Lage sind. Auch muss Ihnen als Eltern bewusst sein, dass Sie keine vollkommene Fehlerfreiheit erwarten können. Dennoch sollte Ihr Kind so früh wie möglich das Überarbeiten als eine Tätigkeit kennenlernen, die sich automatisch an das Schreiben anschließt. Nur so kann es allmählich ein Gespür für schwierige Wörter bzw. mögliche Fehlschreibungen entwickeln. Schüler und Schülerinnen, die im Finden von Fehlern nicht trainiert sind, haben häufig das Problem, überhaupt Zweifel an Schreibungen zu entwickeln: Sie finden ganz einfach keine Fehler in ihren oder in fremden Texten.

Auch wenn es nicht sinnvoll ist, bei jeder Rechtschreibunsicherheit sofort im Wörterbuch nachzuschlagen – besser ist es, zunächst selbst zu überlegen und mit Strategien die Schreibung zu prüfen –, sollte ein altersangemessenes Wörterbuch vorhanden sein. Dabei empfiehlt sich für die ersten vier Jahre ein Grundschulwörterbuch. Bis zur 7. Klasse kann Ihr Kind dann mit einem umfangreicheren Schulwörterbuch arbeiten. Erst danach sollte der Duden oder ein anderes umfassendes Wörterbuch für Erwachsene zum Einsatz kommen.

Was können Sie nun Ihrem Kind in den verschiedenen Klassenstufen beim Überarbeiten zumuten?

Überarbeiten in der 1./2. Klasse

Schwerpunkt in den ersten beiden Klassen ist vor allem die vollständige Verschriftlichung aller hörbaren Laute. In den Texten Ihres Kindes können Sie daher zuerst Wörter herausgreifen, bei denen die Schreibung nicht einmal den Wortklang wiedergibt. Oft sind dies zwar die besonders schwierigen Wörter, die Ihr Kind in seinen eigenen Texten aber trotzdem unbedingt verwenden will. Es ist also durchaus sinnvoll, sich mit der richtigen Schreibung dieses sogenannten interessensgeleiteten Wortschatzes auseinanderzusetzen.

Nehmen wir einmal an, es wurde „Farab" für „Fahrrad" geschrieben. Da es sich hier um kein lauttreues Wort handelt, notieren Sie zunächst die richtige Schreibung auf einem Zettel. Ihr Kind „erliest" dann das Wort, spricht es in Rechtschreibsprache (siehe S. 24) aus und zeichnet die Silbenbögen unter das Wort. Wenn das Wort Besonderheiten aufweist, sprechen Sie diese an und markieren Sie sie.

Farab
Fahrrad

Bei unserem schwierigen Beispielwort müssten Sie also auf das „stumme" *h* bei *Fahr* eingehen sowie auf das *d* bei *rad*. Hierfür hat das Kind ja einen völlig falschen Buchstaben gewählt. Beim genauen Sprechen ist jedoch aufgrund der Auslautverhärtung nur ein /t/ zu hören. Erst bei der Mehrzahl *Räder* kann man das /d/ deutlich heraushören. In der 1./2. Klasse reicht jedoch der Hinweis, dass dies eine Merkstelle ist. Das doppelte *r* ergibt sich dadurch, dass zwei Wortstämme zusammentreffen, was durch die Silbenbögen noch verdeutlicht wird.

Wichtig ist nun, dass das Wort nicht einfach vom Zettel abgeschrieben wird, sondern das Kind es mithilfe der Rechtschreibsprache und den Hinweisen auf die Merkstellen selbstständig neu konstruiert.

Allmählich sollte Ihr Kind dann dazu herangeführt werden, ausschließlich die lautliche Vollständigkeit in seinen Texten zu überprüfen. Dazu spricht es das geschriebene Wort in Silben und setzt mit Bleistift Silbenbögen unter die Wörter, während es dabei langsam und überdeutlich mitspricht. In jedem Silbenbogen muss nun kontrolliert werden, ob auch ein Vokal zu finden ist.

Wichtig ist, dass das Überarbeiten auf einige wenige Wörter beschränkt bleibt. Fragen Sie Ihr Kind einfach, wie viele Wörter es denn bereit ist zu korrigieren, und einigen Sie sich auf eine machbare Anzahl. Verlangen Sie nicht zu viel von Ihrem Kind, damit die Schreibmotivation insgesamt nicht zerstört wird.

Überarbeiten in der 3./4. Klasse

Ab der 3. Klasse können neben der Überprüfung der lautlichen Vollständigkeit weitere Rechtschreibphänomene hinzugenommen werden. Dabei gilt jedoch ebenfalls: Weniger ist mehr. Lieber kontrolliert Ihr Kind seinen Text genau und sorgfältig auf Fehler bei der Groß- und Kleinschreibung, als wenn verschiedene Rechtschreibstrategien nur sehr oberflächlich durchgeführt werden. Für die meisten Kinder kann ein „Überarbeitungsrezept" hilfreich sein, das Schritt für Schritt Anweisung gibt. Die Überarbeitungshinweise entsprechen dabei den Strategien, die die Schüler für die einzelnen Rechtschreibphänomene in der Schule erlernen. Wie so ein Rezept für die Überprüfung der Groß- und Kleinschreibung aussehen könnte, sehen Sie in dieser Übersicht.

Überarbeitungsrezept „Großschreibung" (3./4. Klasse)	
Großschreibung am Satzanfang	Ich markiere **alle Punkt**e im Text farbig. Ist das Wort nach dem Punkt großgeschrieben?
Großschreibung von Nomen	Nomen haben oft **Begleiter**: Ich unterstreiche alle Begleiter und zeichne einen Pfeil zum Besitzer des Begleiters. Ist dieses Wort großgeschrieben?
	Ich überlege: Bezeichnet das Wort Dinge, Personen, Pflanzen, Tiere oder Gefühle und Gedanken? Wenn ja: Ist dieses Wort großgeschrieben?
	Erweiterungsprobe: Kann ich ein Wie-Wort (Adjektiv) davorsetzen, z.B. „**große** Freude"? Wenn ja: Ist dieses Wort großgeschrieben?

Überarbeiten am Ende der Grundschulzeit

Zum Ende der Grundschulzeit kann die Überarbeitung in diesen Schritten ablaufen:

- Ich markiere Wörter, bei denen ich unsicher bin, mit einer Wellenlinie.
- Ich spreche jedes Wort genau und in Silben. Fehlt ein Buchstabe?
- Ich überlege: Ist das Wort ein Nomen?
- Ich überprüfe: Ist der Selbstlaut kurz oder lang?
- Ich verändere: Ich suche verwandte Wörter. Ich verlängere das Wort.

Um mögliche Fehler bei den mit Wellenlinien markierten Wörtern abzuklären, sollte Ihr Kind zuerst auf die Strategien der nächsten vier Schritte zurückgreifen. Erst wenn sich dadurch keine Lösung finden lässt, sucht es das Wort im Wörterbuch.

Wörter, die überprüft wurden, können auch mit einem Häkchen gekennzeichnet werden. Das zeigt Ihnen an, wie intensiv überarbeitet wurde. Sollten Sie dennoch Fehler bei den überarbeiteten Wörtern finden, besprechen Sie mit Ihrem Kind, welche Strategie es verwendet hat und warum es trotzdem zu Fehlern kam.

Rechtschriftliche Überarbeitung ab der 5. Klasse

Zugegeben, Fehlersuche in eigenen Texten ist anstrengend. In dem Maße, wie die Länge der Texte mit jeder Klassenstufe zunimmt, sinkt meist auch die Motivation zur Überarbeitung. Sie können Ihr Kind jedoch entlasten, indem Sie den Text zunächst selbst auf Fehler durchlesen und am Textrand nur vermerken, wie viele Fehler sich in jeder Zeile befinden. Dann sucht Ihr Kind die fehlerhaften Wörter selbstständig heraus und verbessert sie – eine effektive Kompromisslösung. Hilfreich für die Korrektur von Texten ist es, den Text, einmal rückwärts Wort für Wort durchzugehen. Damit bekommt Ihr Kind Abstand vom Inhalt und kann sich ausschließlich auf die Schreibung der einzelnen Wörter konzentrieren. Zudem werden individuelle Fehlerschwerpunkte noch einmal bewusst gemacht, wenn an die „Lieblingsfehler" erinnert wird. Die Rechtschreibkontrolle könnte also so aussehen:

- Bei welchen Wörtern warst du unsicher? Überprüfe mit Rechtschreibstrategien oder mit dem Wörterbuch.
- Lies deinen Text rückwärts Wort für Wort und kontrolliere nochmals die Schreibung jedes einzelnen Wortes.
- Lies dir den ganzen Text noch einmal vorwärts durch. Fehlen Wörter im Satz? Hast du alle notwendigen Satzzeichen gesetzt?
- Achtung! Hast du deine Lieblingsfehler überprüft?

Korrigieren mit dem Computer

Vielleicht fragen Sie sich an dieser Stelle, warum bislang noch nicht die Rede von der Rechtschreibkontrolle am Computer war. Diese ist natürlich eine gute Hilfe und darf selbstverständlich zum Einsatz kommen, wenn Ihr Kind Texte am Computer verfasst. Aber: Die meisten Texte, für die Schüler Noten bekommen, also

vor allem Aufsätze und Abschlussklausuren, müssen noch handschriftlich verfasst werden. Dann helfen nur die Rechtschreibstrategien bzw. das Wörterbuch.

Fremde Fehler findet man leichter

Abschließend noch eine Erkenntnis, die Sie vielleicht aus eigener Erfahrung kennen: In eigenen Texten findet man Fehler viel schlechter als in fremden. Um bei Ihrem Kind also die Fehlersuche und das Gespür für mögliche Falschschreibungen zu trainieren, können Sie zu Übungszwecken auch immer wieder mit kurzen fremden Fehlertexten arbeiten. Diese können Sie schnell selber erstellen, indem Sie auf Texte aus Büchern oder dem Internet zurückgreifen und dann einige Fehler einbauen. Angemessene Texte finden Sie z. B. auf den Seiten von Kindersuchmaschinen; dort können Sie dann etwa bei einigen Wörtern die Groß- und Kleinschreibung verändern oder statt *äu/ä* die Wörter mit *eu/e* schreiben. Als kleine Lösungshilfe können Sie die Anzahl der Fehler vermerken.

Denkbar ist auch, aus alten Texten Ihres Kindes neue zu basteln. Das hat den Vorteil, dass die spezifischen Fehler des Kindes aufgegriffen werden. Aber auch der Alltag bietet vielfältige Gelegenheiten: Gehen Sie nur einmal mit offenen Augen durch die Innenstadt oder lesen Sie mit dem „Rechtschreibblick" die Zeitung – Sie werden erstaunt sein, wie viele Fehler Sie bzw. Ihr Kind finden können!

Wie Sie für Diktate richtig üben

Vielfach gehen Schüler wie Eltern davon aus, dass eine Vorbereitung auf ein Diktat nicht möglich ist, da man ja nicht weiß, was für ein Text diktiert wird. Frustriert finden Sie und Ihr Kind sich dann mit schlechten Noten ab, weil unklar bleibt, was man eigentlich üben oder lernen sollte. Auch wenn das Diktat oft als ungeeignet zur objektiven Leistungsermittlung kritisiert wird (siehe S. 85), findet es sich noch häufig in der Schule.

Die Gründe für schlechte Noten beim Diktat können vielfältig sein. Sie reichen von unzureichend gefestigten Rechtschreibstrategien über eine oberflächliche Arbeitsweise bis hin zu Konzentrationsproblemen und Prüfungsangst. Hat Ihr Kind bereits Erfahrungen mit schlechten Noten im Diktat gemacht, beginnt schnell ein Teufelskreis aus Leistungsdruck und Versagensangst, der dazu führt, dass das Kind Diktatsituationen am liebsten auch beim Üben zu Hause vermeiden will. Dies ist eine verständliche Reaktion – dennoch sollten Sie Ihrem Kind deutlich machen, dass das Diktatschreiben nur dann besser wird, wenn es diese Situation trainiert.

Die Auswahl geeigneter Übungsdiktate

Für das Training gilt der Grundsatz: Lieber kürzere Diktattexte, dafür regelmäßiges Üben. Das bedeutet konkret, dass für die 2. und 3. Klasse Texte mit 20 bis 40 Wörtern ausreichen. Für die 4. bis 6. Klasse kann der Umfang 40 bis 70 Wörter betragen, für ältere Schüler dann bis zu 100 Wörter. Um den Umgang mit Diktattexten und die Anwendung von Rechtschreibstrategien zu verinnerlichen, bedarf es keiner langen Texte, die nur demotivierend wirken. Altersgemäße Texte finden Sie in großer Auswahl in Diktattrainern. Bei der Auswahl sollten Sie darauf achten, dass bei den Texten die Rechtschreibschwerpunkte vermerkt sind, also z. B. s-Laute oder Groß-/Kleinschreibung. Lässt die Lehrerin nämlich ein Diktat schreiben, beinhaltet es häufig die vorher im Unterricht behandelten Rechtschreibphänomene. Ein Blick in die Hefte Ihres Kindes zeigt Ihnen also, auf welche Schwerpunkte Sie sich konzentrieren sollten.

Das Diktat als Klassenarbeit – die richtige Vorbereitung

Nehmen wir als Beispiel einen Schüler aus der 5. Klasse. Er hat in den letzten Wochen im Unterricht die Mitlautverdoppelung, Wörter mit *ie* und Dehnungs-h sowie Ausnahmeschreibungen für den lang gesprochenen i-Laut (*Maschine*) und Wörter mit Doppelvokal (*Moor, Haar*) durchgenommen.

Rechtzeitig anfangen: Steht also der Termin für ein Diktat fest, könnte eine Trainings- und Vorbereitungswoche wie in der Tabelle auf S. 74 aussehen. Für eine intensive Vorbereitung wie hier beschrieben ist ungefähr ein täglicher Zeitaufwand von 30–45 Minuten einzuplanen. Wie Sie sehen, sollte am Beginn der Übungseinheit die Wiederholung und Sicherung der geforderten Rechtschreibstrategien stehen. Ausnahmeschreibungen, für die es keine Regeln oder Strategien gibt (sogenannte Merkwörter), müssen durch häufiges Schreiben in das innere orthografische Lexikon (siehe S. 13) aufgenommen werden. Dafür bietet sich eine Wörterkartei als effektive Übungsmethode an (siehe S. 41). Meistens kommen im Testdiktat jene Merkwörter vor, die zuvor schon im Unterricht behandelt wurden. Daher sollte Ihr Kind diese Merkwörter unbedingt in seine Wörterkartei aufnehmen. Wählen Sie vier Kurzdiktate so aus, dass diese schwerpunktmäßig die in der Schule bearbeiteten Rechtschreibphänomene behandeln.

Die richtige Stimmlage: Wenn Sie Ihrem Kind den Text selbst diktieren (also nicht auf eine Audioversion zurückgreifen), dann achten Sie bitte darauf, möglichst normal und neutral zu sprechen. Oft neigt man unbewusst dazu, Wörter auf eine bestimmte Weise zu betonen, also etwa bei *summen* oder *fallen* das /m/ bzw. /l/ besonders stark und hervorgehoben zu sprechen.

Das Gleiche gilt für Wörter mit Dehnungen (*Saal, dienen, Sehne*), bei denen die Vokale nicht extra langsam und gedehnt gesprochen werden sollten. Dadurch besteht nämlich die Gefahr, dass sich Ihr Kind bei der Schreibung auf diese Hinweise verlässt und dann beim Diktat in der Schule scheitert.

Überarbeitungszeit: Nach dem Diktat ist es wichtig, dass Ihr Kind den Text noch einmal überarbeitet, um möglichst viele Fehler selbstständig zu finden. Entsprechende Überarbeitungstipps für die verschiedenen Altersstufen finden Sie ab S. 69.

Beispiel: Einwöchiger Trainingsplan zur Diktatvorbereitung (5. Klasse)	
Tag 1	Wiederholung und Übung der Rechtschreibstrategien zur Mitlautverdoppelung; Anlegen einer Wörterkartei zu Ausnahmeschreibungen
Tag 2	Wiederholung und Übung der Rechtschreibstrategie für Wörter mit *ie*; 5–10 Minuten üben mit der Wörterkartei
Tag 3 bis 6	Kurzdiktat mit gemeinsamer Fehlerbesprechung; ggf. Aufnahme wichtiger fehlerhaft geschriebener Wörter in die Wörterkartei; 5–10 Minuten üben mit der Wörterkartei
Tag 7	10–15 Minuten üben mit der Wörterkartei

falsches Wort	Tipp zur Fehlervermeidung
numerieren	Dieses Verb schreibt man mit zwei *m*, weil es von *Nummer* kommt.
Wage	Hier gibt es keine Regel, *Waage* muss man sich merken (→ Wörterkartei).
Nielpferd	Eigentlich richtig gedacht: Der lange i-Laut wird meistens mit *ie* verschriftet, *Nilpferd* ist aber eine Ausnahmeschreibung (→ Wörterkartei).
vertig	Verwechslung mit der Vorsilbe *ver*. Bei *fertig* ist es jedoch keine Vorsilbe: Lasse ich nämlich *ver-* weg, bleibt *-tig* übrig, und das ist kein echtes Wort. Im Gegensatz dazu *verlaufen*: Lasse ich hier die Vorsilbe *ver-* weg, bleibt *laufen* übrig, das ist ein richtiges Wort.
Schiffahrt	Hier wurden zwei Wörter zusammengesetzt: *Schiff* + *Fahrt*; alle Buchstaben des Wortstamms müssen erhalten bleiben, deshalb drei *f*.

Die Korrektur: Ihr Kind kann die Korrektur selbst vornehmen, indem es seinen Diktattext genau mit der Vorlage vergleicht und die Fehler markiert. Hier empfiehlt sich aber dennoch ein abschließender kontrollierender Blick durch Sie als Eltern. Alternativ übernehmen Sie die Korrektur. Dabei können Sie entweder genau den Fehler im Wort anstreichen oder – gerade bei älteren Schülern – nur am Rand markieren, wie viele Fehler in der Zeile sind. Ihr Kind sollte dann versuchen, selbst die fehlerhaften Wörter zu finden.

Über Fehler sprechen und nachdenken

Unabhängig von der Art der Fehler ist es vor allem wichtig, über die Fehler zu sprechen und gemeinsam zu überlegen, wie sie sich vermeiden lassen. In der Tabelle oben sehen Sie ein paar Beispiele, damit Sie einen Eindruck gewinnen, worauf es bei diesen „Rechtschreibgesprächen" ankommt. Gerade Fehlerwörter, für die es keine Regelhaftigkeiten gibt, sollten in die Wörterkartei aufgenommen werden. Dabei kann Ihr Kind zudem die Stelle farbig markieren, die es falsch geschrieben hat.

Trainingsplan für regelmäßige Übungseinheiten

Grundsätzlich ist dieses Vorgehen auch auf das regelmäßige Üben übertragbar. Dazu wählen Sie ein Rechtschreibphänomen aus, bei dem Ihr Kind noch Schwierigkeiten hat. Mithilfe entsprechender Übungen wiederholen Sie die jeweiligen Rechtschreibstrategien und lassen Ihr Kind dann passende Kurzdiktate schreiben. Auch hier sind die gemeinsame Besprechung der Fehler und die Arbeit mit einer Wörterkartei zentral. Allerdings können Sie die Übungsdauer pro Tag reduzieren, indem Ihr Kind z. B. an einem Tag nur ein Kurzdiktat, am anderen Tag

Wörter aus der Kartei übt. Wichtig bleibt jedoch die Regelmäßigkeit – so sind zwei bis drei Übungseinheiten pro Woche sinnvoll, um eine messbare Verbesserung der Rechtschreibung zu erzielen. Diese abschließenden Tipps sollen eine Hilfestellung für Ihr Kind sein. Achten Sie darauf, dass bereits bei Übungen zu Hause diese Tipps berücksichtigt werden, damit sie in der Prüfungssituation automatisch angewendet werden.

So schreibst du das perfekte Diktat

1. Überprüfe dein Schreibmaterial: Füller, Ersatzstift, Bleistift und Radiergummi – alles da?
2. Denke nun an nichts anderes mehr, sondern konzentriere dich nur auf den Diktattext!
3. Höre genau zu, wenn der Lehrer den Text zuerst ganz vorliest: Fallen dir dabei schon Wörter auf, bei denen du besonders auf die Rechtschreibung achten musst?
4. Wende beim Schreiben die gelernten Strategien an, überlege aber nicht zu lange.
5. Markiere Wörter, bei denen du unsicher bist, mit Bleistift.
6. Lass einfach eine Lücke, wenn du beim Diktieren nicht mitgekommen bist.
7. Wenn der Text abschließend noch einmal vorgelesen wird: Höre genau zu und vergleiche mit deinem Text. Ergänze Lücken aus dem ersten Durchgang.
8. Kläre die mit Bleistift markierten Stellen.
9. Falls du noch Zeit hast: Wende deine Überarbeitungsregeln noch einmal auf den ganzen Text an!

Nachschlagen und richtiges Abschreiben helfen

In den vorausgegangenen Kapiteln haben Sie viel über Rechtschreibstrategien und -regeln erfahren und gesehen, worauf es beim Üben ankommt. Dabei wurden zwei wichtige Arbeitstechniken, das **Abschreiben** und das **Nachschlagen im Wörterbuch,** bislang nur am Rande erwähnt, obwohl sie wesentliche Hilfsmittel für das richtige Schreiben sind. Im Unterricht werden sie oft einfach vorausgesetzt und meist nicht gesondert eingeübt.

Wie können diese beiden Arbeitstechniken nun bei Ihrem Kind zur selbstverständlichen Routine werden?

Wer richtig abschreibt, ist klar im Vorteil

Ob in der Schule oder zu Hause: Jedes Kind muss immer wieder wichtige Unterrichtsinhalte oder Merksätze von der Tafel, der Folie oder dem Whiteboard ins eigene Heft übertragen. Wenn sich dabei zu viele Fehler einschleichen, wird eine gute Vorbereitung auf Tests schnell schwierig. Denken Sie etwa an Fachbegriffe, die durch falsches Abschreiben dann auch im Test falsch wiedergegeben werden.

Wenn Ihr Kind richtig abschreiben kann, verbessert es außerdem auch das bewusste Wahrnehmen von Rechtschreibbesonderheiten, auch dies ein wichtiger Aspekt für eine gute gefestigte Rechtschreibkompetenz.

Um herauszufinden, ob Ihr Kind Probleme mit dieser Arbeitstechnik hat, werfen Sie einen Blick in die verschiedenen Schulhefte und überprüfen dort die Korrektheit der Einträge. Geht Ihr Kind in die 3. oder 4. Klasse, sind zwei bis drei Fehler pro DIN-A4-Heftseite noch akzeptabel, bei älteren Schülern sollte sich höchstens ein Fehler pro Seite finden lassen.

Liegt die Fehleranzahl bei Ihrem Kind über diesen Richtwerten, dann beobachten Sie es doch einmal beim Abschreiben. Nimmt es eine sogenannte „Pickhaltung" ein, ähnlich wie Hühner, die Korn für Korn aufpicken? Wenn es beim Abschreiben Unsicherheiten gibt, geht der Blick in kurzen Abständen immer wieder zur Abschreibvorlage und auf das Schreibblatt zurück. Ihr Kind schreibt also nicht im eigentlichen Sinne ab, sondern kopiert die Vorlage Buchstabe für Buchstabe. Sie können das leicht überprüfen, wenn Sie anschließend fragen, was geschrieben wurde: Nur wer wirklich weiß, was er schreibt, kann diese Frage auch sicher beantworten.

Wie können Sie Ihr Kind nun konkret bei dieser Arbeitstechnik unterstützen? Idealerweise setzt sich die Abschreibmethode aus vier Schritten zusammen, die so lange eingeübt werden, bis sie selbstverständlich sind.

Abschreiben in vier Schritten

1. Wahrnehmen:

Das Kind liest sich zunächst den ganzen Satz durch und wählt einen Sinnschritt aus, der nur so lang ist, wie es sich ihn merken kann, etwa bis zum ersten Komma. Dann liest es diesen Sinnschritt nochmals. Ein Grundschulkind sollte ihn außerdem in Silben sprechen. Als nächstes benennt es Besonderheiten, z.B. *Stadt:* „Ich höre am Ende nur ein /t/, schreibe aber *dt.*" Anfangs kann Ihr Kind solche schwierigen Stellen auch in der Vorlage markieren.

2. Merken:

Ihr Kind merkt sich die Wörter des Sinnschrittes zusammen mit den Rechtschreibbesonderheiten. Dazu kann es kurz die Augen schließen und sich die Wörter noch einmal „vor dem inneren Auge" vorstellen.

3. Aufschreiben:

Der Sinnschritt wird ohne Blick auf die Vorlage aufgeschrieben. Um die „Pickhaltung" zu vermeiden, kann beim Üben zu Hause auch die Vorlage umgedreht oder zugedeckt werden.

4. Kontrollieren:

Dieser letzte Schritt fällt vielen Kindern besonders schwer: Das Geschriebene wird nun noch einmal Wort für Wort mit der Vorlage verglichen, mit besonderer Aufmerksamkeit auf den schwierigen Stellen.

Laufdiktat und Forscherheft

Die Länge der Sinnschritte, die sich ein Kind beim Abschreiben merken kann, variiert individuell, vergrößert sich aber im Laufe der Zeit. Als motivierende Übungsmethoden dazu empfehlen wir das Laufdiktat und das Forscherheft.

Laufdiktat: Dabei legen Sie im Zimmer Zettel mit verschiedenen Sätzen aus. Das Kind geht zu den Texten, liest sich diese durch und prägt sich so viel davon ein, wie es sich bis zur Rückkehr an den Schreibplatz merken kann. Achten Sie dabei nach dem Schreiben aller Sätze auf eine genaue Fehlerkontrolle.

Forscherheft: Wenn Ihr Kind diese vorgegebenen Sätze bzw. Texte als langweilig empfindet, setzt das Forscherheft genau an diesem Punkt an: Hier darf das Kind selbst entscheiden, welche Texte es abschreiben will. So kann ein Forscherheft zu einem Lieblingstier, dem eigenen Hobby oder einem Star gestaltet werden. Dazu suchen Sie (gemeinsam) entsprechende Texte aus Büchern, Zeitschriften oder dem Internet. Lassen Sie Ihr Kind Textpassagen auswählen, die ihm interessant genug zum Abschreiben erscheinen. Da bei diesem Vorgehen in der Regel die Vorlage wieder direkt vor dem Kind liegt, sollten Sie als Eltern vor allem aufpassen, dass es nicht aus Versehen wieder in die „Pickhaltung" verfällt.

Tipp: Gerade bei jüngeren Kindern hilft oft ein „Belohnungssystem" weiter, wenn es darum geht, auch bei den Hefteinträgen in der Schule die Abschreibregeln ordentlich anzuwenden. So kann Ihr Kind etwa für fehlerfreie Einträge Punkte sammeln, die es dann in eine kleine Belohnung eintauscht.

Am besten beginnt man so früh wie möglich mit solchen Abschreibübungen: Sie eignen sich bereits für die 2. Klasse.

Der Klügere schlägt nach

Eine zweite wichtige Fertigkeit für das selbstständige Schreiben und Überarbeiten von Texten ist das Nachschlagen im Wörterbuch. Zwar unterstützen uns heutzutage beim Schreiben am Computer Rechtschreibprogramme, in der Schule werden Aufsätze und wichtige Prüfungen aber nach wie vor handschriftlich verfasst, so dass das Wörterbuch die einzige Hilfestellung bei Unsicherheiten darstellt. Damit Ihr Kind das Wörterbuch erfolgreich nutzen kann, sollte es die eigene Schreibung in Frage stellen, wissen, wie man nachschlägt bzw. ein Wort findet und bereit sein, das fragliche Wort auch tatsächlich nachzuschlagen.

Die eigene Schreibung hinterfragen:

Hier gilt es, die richtige Balance zu finden. Manche Kinder sind grundsätzlich von der Richtigkeit ihrer Schreibweise überzeugt und sehen gar keine Notwendigkeit für das Nachschlagen. Im Kontrast dazu gibt es Kinder, die so unsicher sind, dass sie am liebsten jede Schreibweise im Wörterbuch kontrollieren würden, was natürlich schon aus Zeitgründen nicht möglich ist. Tipps dafür, wie Sie bei Ihrem Kind ein Gespür für mögliche Rechtschreibfehler wecken können, finden Sie ab S. 80.

Herrschen bei fast jedem Wort Zweifel bezüglich der richtigen Schreibung, dann helfen Sie Ihrem Kind zunächst, die Rechtschreibstrategien zu festigen (siehe die entsprechenden Kapitel). Für die echten Zweifelsfälle, bei denen selbst mithilfe von Rechtschreibstrategien keine eindeutigen Entscheidungen getroffen werden können, sollte das Wörterbuch zu Rate gezogen werden.

Spielerisch das ABC trainieren

Dazu eignen sich Übungen, bei denen möglichst schnell der Vorgänger oder Nachfolger zu bestimmten Buchstaben angegeben werden muss. Gerne spielen Schüler auch ein Spiel, bei dem es darum geht, das Wörterbuch beim gesuchten Buchstaben aufzuschlagen. Wird also z. B. das *K* als Zielbuchstabe vorgegeben, und ein Kind öffnet das Wörterbuch bei Wörtern mit *K*, erhält es zwei Punkte, für das Aufschlagen bei den Nachbarbuchstaben *J* und *L* gibt es noch einen Punkt.

Schwierige Wörter ...	... und wie man sie im Wörterbuch findet
Nomen in der Mehrzahl: Träume, Würmer	Einzahl bilden: Traum, Wurm
flektierte Verben: (er) lag, (sie) vergräbt	Grundform bilden: liegen, vergraben
gesteigerte Adjektive: größer, schwächste	Grundform bilden: groß, schwach
zusammengesetzte Wörter: Schrankschloss	zerlegen und bei den einzelnen Stichwörtern nachschlagen: Schrank + Schloss

Voraussetzung fürs Nachschlagen – das ABC kennen

Damit Ihr Kind ein gesuchtes Wort im Wörterbuch auch findet, ist es wichtig, dass es das Alphabet sicher beherrscht, es sollte also die Reihenfolge der Buchstaben kennen und zudem ein Gefühl dafür haben, wo innerhalb des Alphabets der jeweilige Buchstabe steht. Gerade am Anfang sind Kinder oft unsicher und sagen sich das ABC stets mit A beginnend auf – was aber zu lange dauert, wenn sie etwa das R oder U suchen. Wenn Ihr Kind Schwierigkeiten mit der alphabetischen Ordnung oder der zweiten Hälfte des Alphabets hat, kann es das Wörterbuch nicht optimal nutzen – ein zielloses Durchblättern ist die Folge.

Üben Sie daher mit Ihrem Kind das Alphabet, damit es vorher weiß, in welchem Abschnitt des Wörterbuchs (im vorderen, mittleren oder hinteren Drittel) sich der gesuchte Buchstabe ungefähr befindet.

Wenn Ihr Kind die Wörter eines Buchstabens im Wörterbuch sicher auffindet, kann es das Ordnen von Wörtern nach dem Erst-, Zweit- und Drittbuchstaben usw. trainieren. Zweitklässler können hier anfangs mit einfachen Wörterlisten arbeiten, wie man sie vielfach im Anhang der Deutschbücher findet, oder auf entsprechende Grundschulwörterbücher zurückgreifen, die über ein eigenes, überschaubares Wörterverzeichnis für die 1./2. Klasse verfügen. Das Online-Material bietet Ihnen für die verschiedenen Altersstufen motivierende Übungen zum schnellen Auffinden von Buchstaben bzw. zum Ordnen von Wörtern.

Ein konkretes Wort finden

Sobald Ihr Kind keine größeren Probleme mehr mit dem Alphabet hat und Wörter sicher alphabetisch ordnen kann, geht es an das eigentliche Suchen von konkreten Wörtern im Wörterbuch. Es gibt zahlreiche Wortformen, die Schülern Schwierigkeiten bereiten. Welche das sind und welche Tipps dabei helfen, zeigt Ihnen die Tabelle auf der gegenüberliegenden Seite. Während diese Fälle in der Regel gut in den Griff zu bekommen sind, lassen Wörter, bei denen die Schreibung des Wortanfangs unklar ist, die Suche schnell scheitern. Da es im Deutschen oft mehrere Möglichkeiten gibt, wie ein Buchstabe ausgesprochen werden kann, muss Ihr Kind Vermutungen über die möglichen Schreibungen anstellen.

Nehmen wir an, ein Schüler hat in seinem Text *Plechbückse* (für *Blechbüchse*) geschrieben und möchte die Schreibung dieses Wortes im Wörterbuch überprüfen. Dazu muss er sich zunächst bewusst machen, dass er das zusammengesetzte Wort eventuell gar nicht als Eintrag findet, es also zerlegen muss (*Plech* + *Bückse*). Bei der Suche nach dem ersten Wortbestandteil wird er scheitern, da seine angenommene Schreibung falsch ist. Er muss also folgende Überlegung anstellen: „Finde ich *Plech* nicht bei *P*, habe ich wohl den falschen Anfangsbuchstaben. Ich schlage unter ähnlichen Buchstaben nach, also in diesem Fall unter *B*." Auch für den zweiten Wortbestandteil werden sich Probleme beim Nachschlagen ergeben. Hier muss der Schüler auf sein Rechtschreibwissen zurückgreifen: „Der ks-Laut kann verschieden geschrieben werden. Finde ich das Wort *Bückse* nicht, dann könnte es in der Mitte noch mit *x*,

Ich höre …	Ich schreibe meistens …	Seltener schreibe ich auch …
f	F (Fenster)	V (Vater), Ph (Pharao)
kw	Qu (Quark)	
k	K (Keller)	Ch (Chor), C (Clown)
w	W (Wasser)	V (Vase)
ks	X (Xylophon)	
schp	Sp (Spiel)	
scht	St (Stein)	
ts	Z (Zahn)	C (Celsius)
ä	Ä (Ära)	E (Eskimo)
sch	Sch (Schaf)	Ch (Chef)

chs oder *ks* geschrieben werden. Ich suche also entweder nach *Büxe*, *Büchse* oder *Bükse*."

An diesem Beispiel sehen Sie deutlich, dass es auch beim Nachschlagen nicht völlig ohne Rechtschreibwissen bzw. -strategien geht.

In der Übersicht auf der vorherigen Seite sind die Laute aufgeführt, die Kindern bei der Bestimmung des richtigen Anfangsbuchstabens am häufigsten Schwierigkeiten bereiten. Wie Sie sehen, tauchen bei den Alternativschreibungen häufig Fremdwörter auf. Gerade bei diesen ist die Unsicherheit sehr groß. Das Online-Material Nr. 27 bietet deshalb zahlreiche Übungen für Sekundarstufenschüler speziell für diese Schwierigkeit. Selbstverständlich gibt es auch Aufgaben für jüngere Schüler (Nr. 28).

Mit Leitwörtern schneller nachschlagen

Um die gesuchten Wörter möglichst schnell im Wörterbuch zu finden, sollten Sie darauf achten, dass Ihr Kind nach folgendem Muster vorgeht:

1. Wörterbuch beim gesuchten Buchstaben aufschlagen.
2. Anhand der beiden Leitwörter kontrollieren, ob sich das gesuchte Wort auf der aufgeschlagenen Seite befindet.
3. Wenn dies nicht der Fall ist, mithilfe der Leitwörter die passenden Seiten aufschlagen.
4. Das Wort innerhalb der Spalten suchen.

Was ist ein Leitwort? Sehen Sie sich diesen Ausschnitt aus einem Grundschulwörterbuch an:

Ka**bel**

Ka

das **Ka|bel**, die Kabel
kabellos

der **Ka|bel|jau**, die Kabeljaue
oder: Kabeljaus

die **Ka|bi|ne**, die Kabinen

die **Ka|chel**, die Kacheln
kacheln
der Kachelofen

Das Leitwort links oben ist das erste Wort, mit dem die Seite beginnt, das Leitwort rechts oben gibt das letzte Wort an, mit dem die Seite endet. Zeigen Sie Ihrem Kind, dass es viel zu lange dauert, wenn es zwar den gesuchten Buchstaben richtig aufschlägt, dann aber beim ersten Eintrag dazu beginnt und alles liest, bis es das gesuchte Wort endlich gefunden hat. Bei umfangreichen Buchstaben wie *S* kann das ziemlich lange dauern. Wenn es dagegen die Aufmerksamkeit gleich auf die Leitwörter richtet, beschleunigt sich das Auffinden von Wörtern enorm. Und nur wenn Ihr Kind Wörter erfolgreich und zügig findet, wird es langfristig motiviert sein, das Wörterbuch automatisch als praktisches Hilfsmittel einzusetzen. Auch die vielen nützlichen Zusatzinformationen in Wörterbüchern, z. B. zur Worttrennung, -bedeutung und -herkunft, können gewinnbringend beim Lernen eingesetzt werden (siehe Online-Material Nr. 29 und 30).

Noten und Leistungsbewertung

Wie Rechtschreibleistung gemessen wird

Welche unterschiedlichen Testformate gibt es, mit denen Rechtschreibkompetenz gemessen wird?

Aus Sicht der Rechtschreibdidaktik werden einige Prüfungsformen sehr kritisch bewertet. Nicht immer jedoch können die Lehrkräfte selbst frei entscheiden, welches Prüfungsformat sie verwenden wollen. In manchen Bundesländern wird dies durch ministeriale Vorgaben geregelt, in anderen einigt man sich innerhalb einer Schule auf einheitliche Prüfungsmaßstäbe.

In der Regel haben Sie als Eltern zwar keinen Einfluss darauf, welche Testformen verwendet werden, aber mit den folgenden Informationen werden Sie die Resultate Ihres Kindes in Rechtschreibtests besser einordnen können.

Schulische Leistungstests müssen bestimmte Gütekriterien erfüllen. Dazu zählt zum einen die Objektivität, d. h. der Test muss so gestaltet sein, dass möglichst jede Lehrerin die einzelnen Schülerleistungen mit der gleichen Note bewerten würde. Zum anderen ist die sogenannte Validität zentral. Damit ist gemeint, dass der Test auch genau das misst, was er messen soll: bei einem Rechtschreibtest also die Rechtschreibkompetenz eines Kindes. Viele Testformate werden diesem Kriterium jedoch leider nicht gerecht.

Das traditionelle Diktat

Das traditionelle Diktat kennen Sie wahrscheinlich aus der eigenen Schulzeit. Hierbei wird ein unbekannter Text zunächst einmal ganz vorgelesen und dann satzweise diktiert. Zum Abschluss wird der Diktattext erneut einmal langsam gelesen, so dass die Kinder vor der Abgabe noch Korrekturen vornehmen können.

Bei einer kritischen Betrachtung dieser Testform stellt man schnell fest, dass Diktate nicht nur die Rechtschreibleistung messen, sondern auch die Fähigkeit, in einer vorgegebenen Zeit Wörter zu hören, abzurufen und aufzuschreiben. Viele Kinder scheitern also am Diktat, weil sie aufgrund des Zeitdrucks in Stress geraten und dadurch Fehler machen. Bei Rechtschreibunsicherheiten bleibt ihnen gar nicht die Zeit, über Strategien oder Rechtschreibregeln nachzudenken.

Wenn wir als Erwachsene bei Schreibungen Zweifel haben, schlagen wir im Wörterbuch nach – diese Möglichkeit bleibt den Kindern beim traditionellen Diktat verwehrt. Zudem kann es (vor allem in niedrigeren Klassen) vorkommen, dass in Diktattexten immer wieder Wörter enthalten sind, für deren Schreibung die Schüler im Unterricht noch nicht die entsprechenden Strategien kennengelernt haben. Ein Rechtschreibtest darf jedoch nur das messen, was zuvor im Unterricht behandelt wurde.

Nicht zuletzt liegt das Hauptaugenmerk bei Diktaten auf dem Nichtkönnen statt darauf, was das Kind bereits beherrscht.

Das wird durch die Anzahl an Fehlern bestätigt, aber aus dieser Angabe ist weder für die Schüler noch für Sie als Eltern ersichtlich, in welchen Bereichen der Rechtschreibung genau noch Defizite herrschen – es besteht also wenig Möglichkeit, gezielt aus seinen Fehlern zu lernen.

Das modifizierte Diktat

Das modifizierte Diktat, das beispielsweise in der Abschlussprüfung für den Qualifizierenden Hauptschulabschluss in Bayern zum Einsatz kommt, versucht einigen der genannten Kritikpunkte entgegenzuwirken. Während der Diktiervorgang wie beim traditionellen Diktat abläuft, erhalten die Schüler nach dem Schreiben Zeit (je nach Diktatlänge zwischen fünf bis zehn Minuten), um den Text zu überarbeiten. Es besteht hier also die Möglichkeit, über Regeln und Strategien etwas länger nachzudenken, und für Zweifelsfälle darf auch das Wörterbuch als Hilfe herangezogen werden. Die sonstigen Kritikpunkte des traditionellen Diktats gelten jedoch auch für das modifizierte Diktat.

Nachschriften

Besonders im Grundschulbereich werden zum Teil immer noch Nachschriften zur Überprüfung der Rechtschreibleistung eingesetzt. Von Nachschriften spricht man, wenn es sich um einen geübten Diktattext handelt. Das kann so aussehen, dass die Schüler einen Text erhalten und diesen dann einige Tage üben können,

bevor er als Test diktiert wird. Entweder wird dann der identische Text oder eine leicht abgeänderte Variante diktiert. Nachschriften werden aus rechtschreibdidaktischer Sicht sehr negativ bewertet. Dies liegt vor allem daran, dass viele Schüler die Nachschriften mehr oder weniger „auswendig" lernen, d. h. sie merken sich, wie die Wörter im betreffenden Text geschrieben werden. Tauchen die gleichen Wörter später in anderen Texten auf, werden sie häufig wieder falsch geschrieben. Dies liegt daran, dass die Kinder nicht durch entsprechende Übungen zum Nachdenken über die Schreibung der Wörter angeregt wurden, sondern sie nur im Kurzzeitgedächtnis abgespeichert haben.

Hinzu kommt wieder mangelnde Validität: Eine Nachschrift misst weniger das Rechtschreibkönnen, sondern vielmehr den Fleiß des Kindes und die Einsatzbereitschaft der Eltern: Bei engagierten Eltern wird der Text häufig trainiert, so dass letztlich eine gewisse Fehlerfreiheit erreicht wird. Wenn man sich jedoch bewusst ist, dass viele Richtigschreibungen nur für diesen *einen* Nachschriftentext sichergestellt sind, dann stehen Zeit und Engagement in keinem Verhältnis zum Ertrag.

Rechtschreibtests

Als sinnvolle Alternative werden aus didaktischer Sicht Rechtschreibtests erachtet. Sie bestehen in der Regel aus verschiedenen Teilaufgaben zu einem oder mehreren orthografischen Phänomenen, die vorher im Unterricht behandelt wurden. Damit wird sichergestellt, dass nur das abgeprüft wird, was auch wirklich in der Schule thematisiert wurde. So kann ein Rechtschreibtest zum Thema „Groß- und Kleinschreibung" z. B. einen Fehlertext enthalten, bei denen die Schüler fälschlicherweise groß- oder kleingeschriebene Wörter korrigieren müssen. Oder es muss ein Text, der komplett kleingeschrieben ist, korrekt aufgeschrieben werden. Auch Fragen zu Rechtschreibstrategien zählen zu den typischen Aufgabenformaten. Hier ein Beispiel für eine 6. Klasse:

Welche Signale im Text geben dir einen Hinweis auf die Großschreibung der fettgedruckten Wörter?

Das ist nichts **Ungewöhnliches**.
Sie waren oft beim **Schwimmen**.
Er mochte ihre **Freundlichkeit**.

Hier müssen die Schüler also angeben können, dass ein unbestimmtes Zahlwort (*nichts*), ein mit einer Präposition verschmolzener Artikel (*bei dem Schwimmen*) sowie die Endung *-keit* Signale für die Großschreibung sind. Derartige Aufgaben zeigen deutlich, ob ein Kind die verschiedenen Strategien zu den einzelnen Rechtschreibphänomenen bereits beherrscht oder noch weiter üben muss.

Gewusst wie: Wie wird mein Kind eigentlich geprüft?

Erkundigen Sie sich zu Beginn des Schuljahres danach, mit welchen Testformaten die Rechtschreibung abgeprüft wird. Falls Diktate geschrieben werden:

• Haben die Kinder Zeit, den Text zu überarbeiten?
• Dürfen sie ein Wörterbuch verwenden?
• Wie viele Leistungsnachweise für den Bereich Rechtschreiben sind pro Halbjahr geplant?

Mit diesen Informationen können Sie mit Ihrem Kind gezielter üben. Welche Tipps es zur Vorbereitung auf Diktate gibt, erfahren Sie auf S. 73.

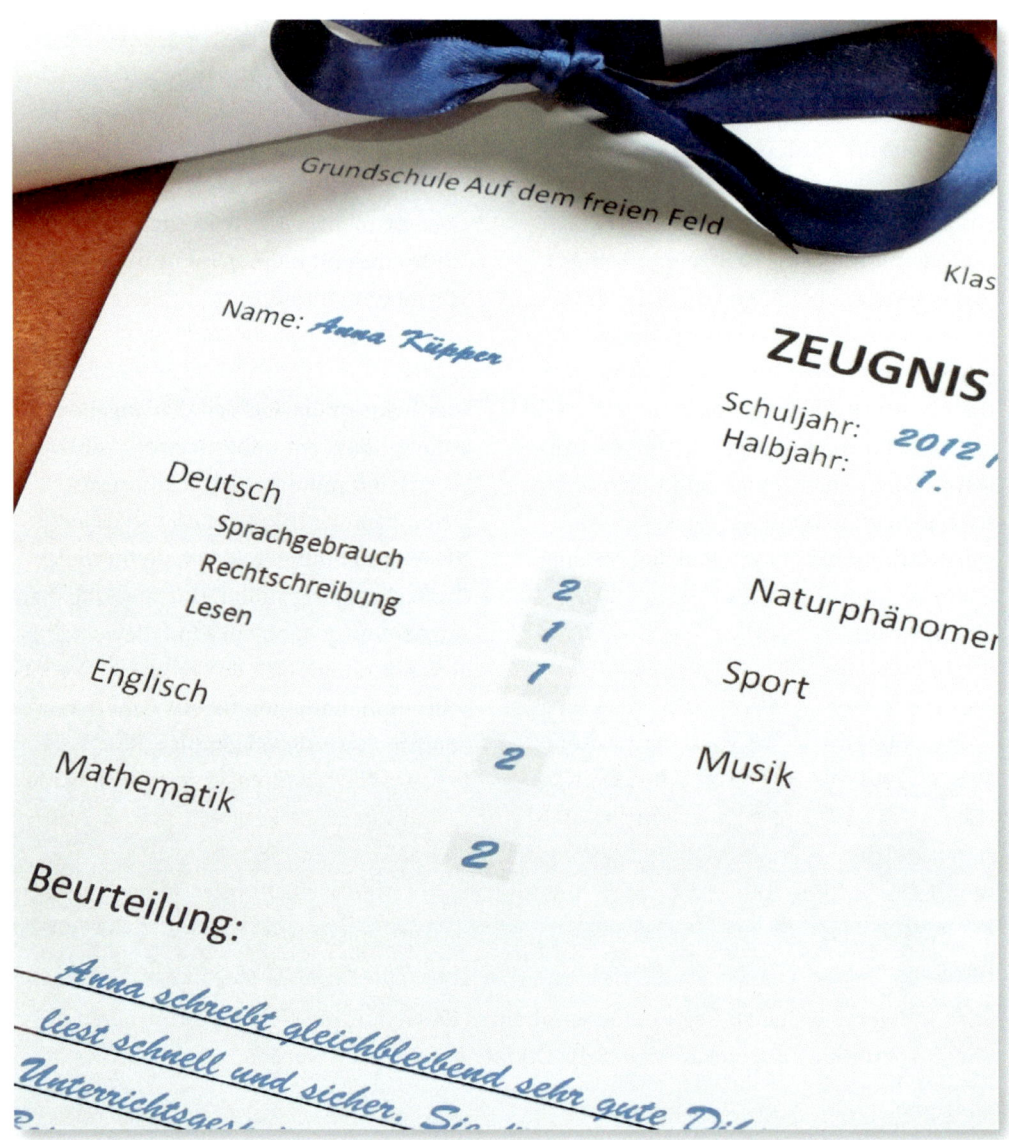

Wie fließt die Rechtschreibleistung in die Deutschnote ein?

Haben Sie eigentlich schon einmal genauer darüber nachgedacht, wie aussagekräftig die Deutschnote ist? Was sagt beispielsweise die Note 3 über die Leistung Ihres Kindes im Fach Deutsch aus? Die Antwort auf diese Frage fällt ziemlich ernüchternd aus: relativ wenig.

Ein Kind mit einer befriedigenden Deutschnote mag vielleicht gut Texte schreiben und das grammatische Wissen beherrschen, dafür aber schlecht lesen und eine fehlerhafte Rechtschreibung haben – oder umgekehrt. Ausführlichere Rückmeldungen über die einzelnen Teilleistungen (z. B. Texte schreiben, Lesen, Rechtschreiben, Vortragen/Präsentieren) erhalten Sie als Eltern meist nur, wenn Ihr Kind in die 1. oder 2. Klasse geht. Hier sehen die ministerialen Vorgaben vieler Bundesländer einen Zeugnisbericht vor, der zum Teil ohne Noten auskommt, dafür jedoch eine genauere Rückmeldung zur Leistungsentwicklung gibt.

Einheitliche Gewichtung der Rechtschreibleistung – weit gefehlt

Da Bildung in Deutschland Ländersache ist, kommt noch ein Problem hinzu: Je nach Bundesland fließen auch die Teilleistungen unterschiedlich stark in die Deutschnote ein.

Es gibt Bundesländer, in denen die Rechtschreibleistung bei der Gesamtnote deutlich weniger ins Gewicht fällt als in anderen. So sind z. B. an nordrhein-westfälischen Haupt- und Gesamtschulen Klassenarbeiten, die nur Grammatik und/ oder Orthografie überprüfen, nicht vorgesehen. Hier wird die Rechtschreibkompetenz nur im Rahmen des Schreibens von Texten geprüft.

Ganz anders sieht es dagegen in Niedersachsen aus. Dort muss von der Grundschule bis zum Gymnasium die Rechtschreibkompetenz durch unterschiedliche Aufgabenformen abgeprüft werden. Darüber hinaus fließt aber auch die sprachliche Richtigkeit bei eigenen Texten noch in die Aufsatznote mit ein. Damit könnte man etwas überspitzt sagen: Ein Schüler mit Rechtschreibschwierigkeiten hat in Niedersachsen deutlich mehr mit seinem Problem zu kämpfen als in Nordrhein-Westfalen – zumindest was die Auswirkungen dieser Schwäche auf die Deutschnote betrifft.

In zahlreichen Bundesländern bleiben die Vorgaben in Bezug auf die Gewichtung der Rechtschreibleistung jedoch häufig vage, wenn es z. B. nur heißt, dass Rechtschreibstrategien und Arbeitstechniken Bestandteil der Leistungsbewertung sein sollen. Über die Umsetzung entscheiden die Schulen selbst, so dass sich sogar Unterschiede in der Gewichtung der Rechtschreibleistung innerhalb eines Bundeslandes ergeben.

Jedes Bundesland testet anders

Zum Teil sind auch die Aufgabenformate durch ministeriale Vorgaben geregelt. In einigen Bundesländern etwa hatte die anhaltende Kritik am Diktat zur Folge, dass Rechtschreibkompetenz nun durch unterschiedliche Aufgabenformen festgestellt werden muss. Wenn Ihr Kind also z. B. in Thüringen, Niedersachsen oder Hamburg in die Grundschule geht, darf die Rechtschreibung nicht ausschließlich über Diktate abgeprüft werden, sondern es müssen zusätzlich Rechtschreibproben zum richtigen Abschreiben, Wörternachschlagen, Textekontrollieren und -korrigieren usw. durchgeführt werden.
Ein deutlich stärkeres Festhalten am (modifizierten) Diktat lässt sich dagegen in Schleswig-Holstein erkennen, wo für die Grundschule wie die Sekundarstufe I sogar die Anzahl und Länge der Diktattexte genau festgelegt ist.

Wie stark darf die Rechtschreibung im Aufsatz bewertet werden?

Neben speziellen Tests zur Überprüfung der Rechtschreibkompetenz darf die Orthografie auch beim Schreiben von eigenen Texten bewertet werden. Eine Ausnahme bildet hier Hamburg: Im Grundschulbereich dürfen Rechtschreibfehler bei schriftlichen Tests und eigenen Texten der Schülerinnen und Schüler nicht gewertet werden. In den übrigen Bundesländern dagegen fließt die sprachliche Richtigkeit (Rechtschreiben, Zeichensetzung) neben Inhalt, Aufbau und sprachlichem Ausdruck in die Aufsatznote mit ein. Da bei der Benotung von eigenen Texten jedoch die Schreibkompetenz im Vordergrund stehen muss, darf die Rechtschreibleistung nur eine untergeordnete Rolle spielen. Aus diesem Grund gilt in den meisten Bundesländern die Regelung, dass bei gehäuften Fehlern in Rechtschreibung und Zeichensetzung die Note im Aufsatz maximal um eine Notenstufe herabgesetzt werden kann. Dabei wird in den meisten Lehrplänen darauf hingewiesen, dass solche Fehler nur dann in die Bewertung mit einfließen dürfen, wenn die jeweiligen Bereiche der Rechtschreibung und Zeichensetzung bereits im Unterricht behandelt wurden. Konkret bedeutet dies, dass in der Grundschule z. B. viele Kommafehler nicht als Fehler gewertet werden dürfen, da in dieser Altersstufe die meisten Kommaregeln noch gar nicht behandelt wurden.
Wie Sie sehen, liebe Eltern, gestaltet sich das Thema Leistungsbewertung in Deutschland recht schwierig. Da sich die 16 Bundesländer 16 unterschiedliche Bildungssysteme leisten, ist es leider nicht möglich, Ihnen im Rahmen dieses Ratgebers für jede einzelne Schulart genau aufzuzeigen, wie die Rechtschreibleistung in die Deutschnote einfließt. Hinzu kommt, dass sich Regelungen z. B. aufgrund neuer Lehrpläne immer wieder ändern.
Um zu erfahren, wie bei Ihrem Kind die Rechtschreibleistung bewertet wird und mit welcher Gewichtung sie in die

Deutschnote einfließt, sprechen Sie am besten zunächst die Lehrerin Ihres Kindes an. Für selbstständige Internetrecherchen finden Sie unten hilfreiche Tipps und Links. Geben Sie nicht gleich auf, wenn Sie die entsprechenden Informationen nicht sofort finden. Einige Bundesländer führen sie in den Lehrplänen an, andere haben dafür einen sogenannten Klassenarbeitenerlass (Saarland) oder Zeugnisordnungen (Bremen). Oft werden die Regelungen noch durch spezielle Vorgaben aus den Schulordnungen für die einzelnen Schularten ergänzt. Wenn Sie sich ein wenig Zeit nehmen, werden Sie finden, was Sie suchen.

So finden Sie Lehrpläne und Bewertungsmaßstäbe

Lehrplan-Datenbank der Kultusministerkonferenz:
http://www.kmk.org/dokumentation/lehrplaene/lehrplan-datenbank.html

Schulordnungen/Zeugnisordnungen:
Geben Sie in die Suchmaschine „Schulordnung" (bzw. „Zeugnisordnung") + Ihr Bundesland + die Schulart ein; z.B. „Schulordnung Hessen Grundschule". Informationen finden Sie dann in den entsprechenden Paragrafen, etwa „Leistungsfeststellung und Leistungsbeurteilung" oder „Bewertung der Leistungen".

Rechtschreibregeln verstehen

In diesen Kapiteln lesen Sie alles Wichtige zu:

- → Groß- und Kleinschreibung

- → Getrennt- und Zusammenschreibung

- → Schreibung mit Bindestrich

- → Laut-Buchstaben-Zuordnungen

- → Worttrennung am Zeilenende

- → Zeichensetzung

Sie haben keine Zeit, die ausführlichen Erklärungen zu lesen?
Am Anfang eines neuen Themas finden Sie unter Schnell kapiert
alles Wichtige kurz zusammengefasst!

Die Groß- und Kleinschreibung

Sind Sie und Ihr Kind sattelfest, was die Groß- und Kleinschreibung betrifft?
Oder müssen Sie manchmal ein *bisschen/Bisschen* nachdenken? Vielleicht ein *paar/Paar*
Minuten lang und dann sogar das *eine/Eine* oder *andere/Andere* nachschlagen?
Die richtigen Antworten gibt Ihnen dieses Kapitel!

Die Groß- und Kleinschreibung

Hier wird großgeschrieben:

- **Nomen:** *Kind, Deutschbuch, Rechtschreibabenteuer*
- **Nomen in festen Fügungen:** *in Bezug, mit Bezug, im Grunde*
- **nominalisierte Wörter aus anderen Wortarten:** *das Arbeiten, das Auf-der-faulen-Haut-Liegen, nichts Besonderes, Jung und Alt, im Dunkeln, das Ausschlaggebende, ein Er, jeder Einzelne, das Durcheinander, das Hin und Her, eine Eins, der Zehnte*
- **Superlative,** die mit *Woran?* oder *Worauf?* erfragt werden: *am Nötigsten, aufs Schlimmste*
- **Tageszeiten nach** *(vor)gestern, heute, (über)morgen:* *heute Morgen*
- **Wochentag + Tageszeit:** *Freitagnachmittag*
- **Eigennamen:** *Hans, Kap der Guten Hoffnung, Deutsche Bahn*
- **Ableitungen geografischer Eigennamen auf** *-er: Frankfurter Banken*
- **Sprachen und Farben,** die mit *Was?* erfragt werden: *auf Deutsch, in Rot*
- **das erste Wort in einem Satz:** *Heute ist das Wetter wunderbar.*
- **nach einem Satzschlusspunkt** und in der **wörtlichen Rede**

Hier wird kleingeschrieben:

- **verblasste Nomen:** *es fand statt, wir nehmen teil*
- **Verbindungen mit** *sein, werden, bleiben:* *mir ist angst*
- **aus Nomen gebildete Wörter auf** *-s, -ns, -ens: morgens, falls*
- **Präpositionen,** die formgleich mit Nomen sind: *dank, statt*
- **scheinbare Nominalisierungen:** *das jüngste meiner Kinder*
- **Superlative,** die mit *Wie?* erfragt werden: *am besten, am meisten*
- **Präposition + nicht dekliniertes Adjektiv:** *von nah und fern*
- **Pronomen:** *beide, mancher*
- **abgeleitete Formen von Wochentag + Tageszeit:** *dienstagmorgens*
- **Ableitungen geografischer Eigennamen auf** *-isch: schwedische Krimis*
- **Sprachen und Farben,** die mit *Wie?* erfragt werden: *Das Kind spricht französisch.*
  Mein Pulli ist rot.

DER GEFANGENE FLOH

Nanu? Flieht hier ein Gefangener – oder wurde etwa ein Floh gefangen? An diesem Beispiel sehen Sie sofort, dass ohne Groß- und Kleinschreibung wichtige Informationen auf der Strecke bleiben. In diesem Kapitel zeigen wir Ihnen, welche Regeln zu beachten sind.

Nomen schreibt man groß

Bevor Sie mit Ihrem Kind in das Abenteuer Rechtschreibung eintauchen, sollten Sie sichergehen, dass Sie alle Dinge so benennen können, dass Ihr Kind Sie versteht. Je nach Alter kennt Ihr Kind für ein sogenanntes *Hauptwort* diese Begriffe: *Namenwort, Dingwort, Substantiv* oder *Nomen*. Wir verwenden in diesem Buch *Nomen*, da dies heutzutage am gebräuchlichsten ist.

Was ist ein Nomen – und wie erkennt man es?

Ein **Nomen** bezeichnet Lebewesen und konkrete Dinge, aber auch nichtgegenständliche (abstrakte) Begriffe.	Kind, Deutschbuch, Rechtschreibabenteuer

Können Sie sich aus Ihrer eigenen Schulzeit noch daran erinnern, woran man Nomen erkennt?

Nomen können ein **Begleitwort** haben. Hierzu gehören zum Beispiel:	
• **Artikel**	**das** Kind, **die** Eltern, **ein** Rechtschreibabenteuer
• **Adjektive**	das **verspielte** Kind, die **interessierten** Eltern, ein **spannendes** Rechtschreibabenteuer
• **Pronomen**	**diese** Regel, **seine** Eltern, **unser** Erfolg
• **unbestimmte Zahlwörter**	**etwas** Glück, **viel** Erfolg, **wenig** Mühe

Nomen kann man auch an ihren **Endungen** erkennen: *-heit, -keit, -nis, -sal, -schaft, -tum, -ung.*	die Krank**heit**, die Gerechtig**keit**, das Zeug**nis**, das Schick**sal**, die Herr**schaft**, viel Reich**tum**, eine Zei**tung**

Nomen können durch **Attribute** näher bestimmt werden. Diese können sowohl vor als auch hinter dem Nomen stehen und dienen als weiteres Erkennungsmerkmal.	Das Einhalten **der Schulordnung** ist wichtig. Das **angestrebte** Ziel können wir sicher erreichen. Das Ziel ist **sicheres** Beherrschen der Regeln.

Besonderheiten bei der Großschreibung von Nomen

Jetzt werden Sie nach und nach ungewohntes Terrain betreten. Aber unwegsam wird es nie – versprochen! Setzen wir also unsere Reise in die Welt der Nomen fort:

Nomen werden **großgeschrieben**.	Kind, Deutschbuch, Rechtschreibabenteuer
Nomen werden auch dann **großgeschrieben**, wenn sie **aus anderen Sprachen** stammen.	der Cappuccino, das Croissant, der Download
• Bei **mehrteiligen** Nomen werden die weiteren Bestandteile nur dann großgeschrieben, wenn sie selbst Nomen sind.	das Mail-Account, **aber**: das Make-up, die To-do-Liste

Bei **Nomen**, die aus **Zusammensetzungen mit Bindestrichen** bestehen, wird der **erste Bestandteil großgeschrieben**, auch wenn er selbst **kein** Nomen ist.	die S-Bahn, der Trimm-dich-Pfad, das Wir-Gefühl
Diese Regelung gilt **nicht** bei **Abkürzungen** und **Einzelbuchstaben**.	die kg-Angabe, der km-Stand, das i-Tüpfelchen, der s-Laut, die x-Achse

Nomen werden auch dann **großgeschrieben**, wenn sie mit Präpositionen **feste Fügungen** bilden, aber selbstständig bleiben.	in Bezug, mit Bezug, im Grunde, zur Not, zur Seite

In Verbindungen aus **Nomen + Verb** wird das selbstständige Nomen **großgeschrieben**.	Auto fahren, Fahrrad fahren, Geige spielen, Klavier üben, Mathe lernen, Zeitung lesen
Wenn diese Verbindungen insgesamt nominalisiert werden, schreibt man immer zusammen und groß.	das Autofahren, das Fahrradfahren, das Geigespielen, das Klavierüben, das Mathelernen, das Zeitunglesen

Denominalisierungen: Hier müssen Sie kleinschreiben

Gerade haben Sie gelernt, dass Nomen immer großgeschrieben werden. Manchmal verwandeln sich Nomen jedoch in andere Wortarten und müssen dann kleingeschrieben werden. Wenn jemand kopfsteht, steht er normalerweise nicht wirklich auf dem Kopf: Hier hat das Nomen sein charakteristisches Merkmal verloren, man sagt, es ist *verblasst*. Verblasste Nomen nennt man *Denominalisierungen*.

Verblasste Nomen + Verben werden **zusammen- und kleingeschrieben**.	eislaufen, kopfstehen, leidtun, standhalten, stattfinden, teilnehmen
• Die Kleinschreibung der verblassten Nomen bleibt auch dann erhalten, wenn diese Verbindungen im Satz getrennt werden.	er lief **eis**, sie stand **kopf**, es tut uns **leid**, wir hielten **stand**, es fand **statt**, wir nehmen daran **teil**
• Sie können **verblasste Nomen** daran erkennen, dass sie in diesen getrennten Formen **nicht durch ein Begleitwort ergänzt** werden können.	**nicht**: *Er lief **ein kaltes** Eis; **also**: eislaufen **aber**: Er schleckte **ein kaltes** Eis; **also**: Eis schlecken

In der **Verbindung** mit den Verben *sein,* *werden* und *bleiben* sind die folgenden verblassten Nomen vom Verb **getrennt und kleinzuschreiben**. Sie können mit *Wie?* erfragt werden.	
• **angst**	Mir ist **angst** geworden.
• **bange**	Dir wird bestimmt **bange**.
• **feind**	Er bleibt ihm **feind**, spinne**feind** sogar.
• **freund**	Mit jemandem **freund** sein.
• **gram**	Wir sind ihr nicht **gram**.
• **klasse**	Das ist **klasse**, mach weiter so. (**aber**: Das ist große Klasse.)
• **leid**	Ich bin es **leid**, auf dich zu warten.
• **pleite**	Die Firma wird **pleite** sein.
• **recht**	Das ist mir sehr **recht**.
• **schuld**	Niemand war **schuld** daran.
• **spitze**	Du bist wirklich **spitze**!
• **unrecht**	Es ist **unrecht**, das zu tun.
• **weh**	Es wird ihm **weh** ums Herz.

Manchmal hat ein Nomen entfernte Ähnlichkeit mit einem Chamäleon: Die kleine Echse passt sich ihrer Umgebung an, indem sie ihre Farbe verändert. Ein Nomen kann durch Anhängen einer Endung – ruckzuck! – zu einer anderen Wortart werden, und dann wird kleingeschrieben!

Aus Nomen gebildete **Adverbien**, **Präpositionen** und **Konjunktionen** werden **kleingeschrieben**, wenn sie auf *-s, -ns* oder *-ens* enden:	
• **Adverbien**	Ab sofort haben wir **f**reitags Sport. Ich bin **m**orgens immer müde.
• **Präpositionen**	Ich kann das Angebot **a**ngesichts deiner Argumente nicht ablehnen. Wir haben **s**eitens der Schulleitung nichts zu befürchten.
• **Konjunktionen**	Wir würden dich auch mit dem Auto abholen, **f**alls du die Bahn versäumst. Die Bananen waren **t**eils grün, **t**eils braun.
Wörter wie *anfangs*, *angesichts* und *notfalls* dürfen nicht mit dem Genitiv der zugrundeliegenden Nomen verwechselt werden.	anfangs – der Zauber des Anfangs, angesichts – im Schweiße des Angesichts, notfalls – für den Fall des Notfalls

Es gibt **Präpositionen**, die wie Nomen aussehen, aber keine sind. Auch sie werden **kleingeschrieben**:	
• **dank**	Wir haben dank seiner Hilfe viel gelernt.
• **kraft**	Der Schulleiter gab kraft seines Amtes heute spontan Hitzefrei.
• **laut**	Dies war laut Schulverordnung möglich.
• **statt**	Du erhältst statt der schlechten Note eine gute, weil du so fleißig lernst.
• **trotz**	Wir werden trotz unserer vielen Termine immer für dich da sein.
• **wegen**	Du brauchst dir wegen der Schularbeit keine Sorgen zu machen.
• **von … wegen**	Ich darf von Rechts wegen hier parken.
• **um … willen**	Wir werden um der guten Sache willen etwas spenden.
• **zeit**	Wir werden zeit unseres Lebens für dich da sein.

Zum Schluss dieses Abschnitts unternehmen Sie einen Ausflug in den Bereich der geteilten Zahlen in Maßen und Zeiten.

Hier werden **Bruchzahlen**, die auf -*tel* und -*stel* enden, **kleingeschrieben**:	
• vor **Maßangaben**	acht hundertstel Sekunden, ein tausendstel Gramm, drei viertel Stunden
• in **Uhrzeiten** vor Grundzahlen	gegen drei viertel acht, um viertel sieben
Darüber hinaus dürfen Sie die Bruchzahlen auch mit der Maßeinheit **zusammen- und großschreiben**.	acht Hundertstelsekunden, ein Tausendstelgramm, drei Viertelstunden

Groß oder klein? Sie entscheiden!

Hereinspaziert ins orthografische Schlaraffenland, in dem Sie selbst entscheiden dürfen, ob Sie groß- oder kleinschreiben möchten. Hier liegen Sie immer richtig:

In diesen Verbindungen mit *behalten, bekommen, geben, haben, tun* dürfen Sie sowohl **groß-** als auch **kleinschreiben**:	
• **Recht/recht**	Du hast ja so Recht/recht! Ich werde Recht/recht behalten. Du sollst Recht/recht bekommen. Ich gebe dir Recht/recht.
• **Unrecht/unrecht**	Sie haben Unrecht/unrecht. Der Schiedsrichter wird Unrecht/unrecht behalten. Er wird Unrecht/unrecht bekommen. Ich habe dir Unrecht/unrecht getan.

Auch bei den folgenden Verbindungen können Sie wählen: Egal, ob Sie sie zusammen- und kleinschreiben möchten oder lieber getrennt: Sie sind immer im Recht! Im Falle der Getrenntschreibung schreibt man das Nomen selbstverständlich groß.

Diese Verbindungen aus **Präposition + Nomen** dürfen Sie **groß- und getrennt**, aber auch **klein- und zusammenschreiben:**	
• im Stande/imstande	Die Helfer waren nicht im Stande/im- stande, noch mehr zu leisten.
• in Frage/infrage	Niemand stellte die Autorität des Lehrers in Frage/infrage.
• in Stand/instand	Hilf mir bitte, mein Fahrrad in Stand/ instand zu setzen.
• zu Grunde/zugrunde	Welches Problem liegt hier zu Grunde/ zugrunde?
• zu Hause/zuhause	Wir wollten lieber zu Hause/zuhause bleiben.
• zu Leide/zuleide	Sie kann keiner Fliege etwas zu Leide/ zuleide tun.
• zu Mute/zumute	Ihm war seltsam zu Mute/zumute.
• zu Nutze/zunutze	Erfahrungen kann man sich zu Nutze/ zunutze machen.
• zu Schulden/zuschulden	Die Schüler hatten sich nichts zu Schul- den/zuschulden kommen lassen.
• zu Stande/zustande	Heute habe ich noch überhaupt nichts zu Stande/zustande gebracht.
• zu Wege/zuwege	Manchmal lässt sich mit wenigen Mitteln viel zu Wege/zuwege bringen.

Nominalisierungen: Hier müssen Sie großschreiben

In diesem Abschnitt erfahren Sie, wie Verben, Adjektive, Pronomen und weitere Wörter – Simsalabim! – zu Nomen werden und damit auch deren Wesensmerkmale annehmen können. Dies nennt man *Nominalisierung* (oder *Substantivierung*). Zwei Beispiele vorweg: *arbeiten → das Arbeiten, gut → das Gute.* Sie können solche Formen anhand der auf S. 97 genannten Erkennungsmerkmale aufspüren.

Nominalisierte Verben werden **groß**geschrieben.	Das Arbeiten mit dir macht mir immer wieder Freude. Das Erneuern der Reifen kostete sehr viel Geld. Diese Übungen sind ein Muss.
Bei **mehrteiligen Fügungen** mit **Bindestrichen** und **Infinitiv** werden der erste Bestandteil, der Infinitiv und alle Bestandteile, die selbst Nomen sind, **großgeschrieben**.	Das Auf-der-faulen-Haut-Liegen darf man sich nicht angewöhnen. Das In-die-Schule-Gehen gehört nun mal dazu.

Nominalisierte Adjektive werden **groß**geschrieben.	Heute gab es nichts Besonderes. Ich wünsche dir alles Gute. Möge der Bessere gewinnen! Das Beste kommt noch.
• Dies gilt auch in **Paarformeln** aus nominalisierten Adjektiven.	Auf dem Schulfest kamen Junge und Alte zusammen. Die lustigen Attraktionen gefielen Jung und Alt.
• Nominalisierte Adjektive werden auch in Verbindungen mit Verben immer **großgeschrieben**.	Sie bleiben im Dunkeln, wenn Sie nicht das Licht anmachen. Bezüglich der Lösung tappte er im Dunkeln.
Partizipien können wie Adjektive verwendet und **nominalisiert** werden. Sie werden dann **großgeschrieben**.	Das Ausschlaggebende war, dass du so fleißig gelernt hast. Allerlei Herzzerreißendes erlebt man an Bahnhöfen und auf Flughäfen.

Auch die folgenden Wortarten können **nominalisiert** werden. Man schreibt sie dann **groß**:	
• Pronomen	Wenn Alex kein Er ist, sondern eine Sie, war unser Sohn heute mit einem Mädchen im Kino. Die Flutopfer standen vor dem Nichts.
• unbestimmte Zahlwörter	Jeder Einzelne ist verantwortlich. Sie ist als Einzige gut vorbereitet.
• Adverbien	Das Durcheinander in deiner Schultasche ist nicht schön. Es gab ein großes Hin und Her, aber schließlich waren alle einverstanden.
• Präpositionen	Der Ball rollte langsam ins Aus. Du musst das Für und Wider abwägen.
• Konjunktionen	Beim Lernen ist nicht nur das Dass wichtig, sondern natürlich auch das Wie.
• Interjektionen	Ein lautes Herrjemine war alles, was ich von ihr hören konnte.

Nominalisierte Grundzahlen werden **großgeschrieben**, wenn sie Ziffern bezeichnen.	Die Eins im Diktat hast du verdient! Die römische Vier sieht auf dem Zifferblatt anders aus als im Mathebuch.
Nominalisierte Ordnungszahlen werden **großgeschrieben**.	Eine Umfrage hat gezeigt: Jeder Zehnte mag seinen Namen nicht. Es nervt die Zuhörer, wenn man vom Hundertsten ins Tausendste kommt.

Scheinbare Nominalisierungen werden kleingeschrieben

Spürnasen gesucht! Hier brauchen Sie den richtigen Riecher: In dieser Etappe erhalten Sie das Rüstzeug, um scheinbare Nominalisierungen aufzuspüren und damit häufigen Fehlerquellen ein Schnippchen zu schlagen. Um scheinbare Nominalisierungen handelt es sich, wenn das Nomen hinter dem Adjektiv, Partizip bzw. Pronomen sinngemäß ergänzt werden kann.

Die folgenden Wörter werden **kleingeschrieben**, wenn sie sich auf ein **vorausgehendes** oder **nachfolgendes Nomen** beziehen:	
• Adjektive	Das **jüngste** meiner Kinder spielt besonders gut Klavier. (= Das **jüngste Kind** meiner Kinder …) Du hast die Stücke hervorragend gespielt. Besonders das **moderne** hat mir gut gefallen. (= Besonders das **moderne Stück** …)
• Partizipien	Die Erfindung des Rades gehört zu den **bedeutendsten** überhaupt. (= … zu den **bedeutendsten Erfindungen** überhaupt.)
• Pronomen	Sie trägt **ihre** mit Stolz, obwohl alle anderen Schuhe moderner sind. (= Sie trägt **ihre Schuhe** …) Alle Kinder waren auf dem Spielplatz. Doch **unsere** kamen erst später. (= Doch **unsere Kinder** …)

Hier nehmen wir die Adjektive genauer unter die Lupe – so viel Zeit muss sein:

Superlative mit *am* werden **kleingeschrieben**, wenn sie mit *Wie?* erfragt werden können. Hier ist *am* keine Verkürzung von *an dem*.	Deine Lösung hat mir am **b**esten gefallen. (gut, besser, am besten) Wir loben dich am **m**eisten. (viel, mehr, am meisten)

Superlative werden **großgeschrieben**, wenn sie mit *Woran?* oder *Worauf?* erfragt werden können. Hier ist *am* eine Verkürzung von *an dem* und *aufs* von *auf das*.	Den Flutopfern fehlt es am Nötigsten. Es mangelt ihr am Wesentlichsten. Der Bericht spielte aufs Schlimmste an. Der Lehrer wies auf das Wichtigste hin.
In Verbindungen des Superlativs mit *aufs* bzw. *auf das,* die mit *Wie?* zu erfragen sind, dürfen Sie zwischen **Groß- und Kleinschreibung** wählen.	Der Schulleiter heißt alle neuen Schüler **auf das** Herzlichste/herzlichste willkommen. Der Lehrer hat den Betrug **aufs** Schärfste/schärfste verurteilt.

Lassen Sie uns nun mit einem forschenden Blick die Wirkung von Präpositionen hinsichtlich der Groß- und Kleinschreibung entlarven:

In Verbindungen aus **Präposition + nicht dekliniertem Adjektiv ohne Artikel** wird das Adjektiv **kleingeschrieben**.	**Über** kurz oder lang wird sich der Erfolg einstellen. Die Kinder kommen **von n**ah und fern in unsere Schule.
In Verbindungen aus **Präposition + dekliniertem Adjektiv ohne Artikel** dürfen Sie sowohl **groß-** als auch **kleinschreiben**.	Viele Rechtschreibregeln kennen Sie schon **seit Langem**/langem. Sie werden die zusätzlichen Regeln **ohne** Weiteres/weiteres beherrschen.

Jetzt lenken wir Ihr Adlerauge auf Pronomen, für die weit und breit kein Bezugswort zu sehen ist:

Pronomen werden **kleingeschrieben**, auch wenn sie als **Vertreter** von Nomen stehen.	Die Experten hatten mit diesen **beiden** nicht gerechnet. Inzwischen hat sich **mancher** gewundert, dass korrekte Rechtschreibung kein Hexenwerk ist. Immer gibt es einige, die nie zufrieden sind.
Nominalisierte Possessivpronomen dürfen Sie sowohl **groß-** als auch **kleinschreiben**.	Jeder muss das Seine/seine dazu beitragen, dass die Schule ordentlich ist.

Zu guter Letzt machen wir eine Punktlandung im Bereich von Mengen und Zahlen, doch keine Sorge: Auch hier erwartet Sie nichts Unberechenbares.

Die folgenden **Zahlwörter** werden **kleingeschrieben**, auch wenn sie dekliniert oder ggf. gesteigert sind:	
• der, die, das **andere**	Der andere hat mich zuerst geschubst! Alle anderen dürfen länger aufbleiben!
• der, die, das **eine**	Das eine ist sicher: Wir schaffen es. Die einen schauen gerne Nachrichten, die anderen lesen lieber Zeitung.
• **viel**	Der Erfolg der Bibliothek beruht auf den vielen, die ehrenamtlich tätig sind. Über das meiste, was ich heute erfahren habe, habe ich mich gewundert.
• **wenig**	Kannst du bitte noch ein wenig bleiben? Das wenigste, was du tun kannst, wird sein, dich zu entschuldigen.

Sie dürfen **auch großschreiben**, wenn Sie den Gebrauch als Nomen besonders betonen möchten.	Er sah den Anderen (= sein Gegenüber) durchdringend an. Die Meinung der Vielen (= der breiten Masse) war ihr nicht wichtig.

Auch hier wird kleingeschrieben:

• ein **bisschen** (im Sinne von *ein wenig*)	Ich helfe dir ein **b**isschen. Hast du ein kleines **b**isschen Schokolade für mich?
• ein **paar** (im Sinne von *einige*)	Ein **p**aar Fragen habe ich noch. Darf ich bitte noch ein **p**aar Minuten aufbleiben?
Das Nomen *Paar* wird allerdings großgeschrieben, wenn es zwei zusammengehörige Dinge bezeichnet.	ein **P**aar Handschuhe, ein **P**aar Schuhe

Grundzahlen unter einer Million werden **kleingeschrieben**.	Die **s**echs **S**iebengescheiten taten wieder einmal neunmalklug. Wir erwarten, dass du um **z**ehn zu Hause bist.
Wenn Sie mit *dutzend, hundert, tausend* u. Ä. eine unbestimmte (nicht in Ziffern darstellbare) Menge meinen, dürfen Sie auch **großschreiben**.	Seitdem du so eifrig übst, machst du im Diktat nicht mehr **d**utzende/**D**utzende von Fehlern. In deinem Postfach befinden sich **h**underte/**H**underte ungelesener E-Mails.

Die Schreibung von Tageszeiten

Auch wenn die Zeiten nicht immer rosig sind, sollte man sie doch korrekt schreiben können.

Nach den folgenden Adverbien werden **Tageszeiten großgeschrieben**:	
• **vorgestern**	Vorgestern Mitternacht haben wir mit einem Glas Sekt angestoßen.
• **gestern**	Gestern Abend hatten wir Besuch.
• **heute**	Heute Morgen konnte ich ausschlafen.
• **morgen**	Morgen Mittag treffe ich dich.
• **übermorgen**	Übermorgen Nachmittag habe ich frei.
Eine **Ausnahme** macht die Angabe *Früh/früh*. Sie kann **groß- oder klein-geschrieben** werden.	Ich rufe dich morgen Früh/früh an. Gestern Früh/früh habe ich es nicht geschafft.

Verbindungen aus **Wochentag + Tageszeit** werden **zusammen- und großgeschrieben**.	Jeden Freitagnachmittag haben die Kinder lange Unterricht. Am Mittwochabend besuchen uns die Großeltern.
Die abgeleiteten Formen auf *-s* werden **kleingeschrieben**.	Ich treibe immer dienstagmorgens Sport. Wenn du freitagabends Zeit hättest, wäre das sehr schön.
Sie dürfen nicht mit dem Genitiv des Nomens verwechselt werden.	Die Stunden **des** Sonntagnachmittags sind uns heilig.

Die Schreibung von Eigennamen

Selbst wenn es um so etwas ganz Persönliches wie Eigennamen geht, können wir hier Entwarnung geben. Auch das Schreiben kunstvoller Namen ist keine Kunst …

Eigennamen schreibt man **groß**.	Hans und Lotte wohnen in der Friedrichstraße in Berlin. Sie fahren oft an die Spree.
Sind sie **mehrteilig**, gilt Folgendes:	
• Das **erste** Wort wird **großgeschrieben**.	Sie fahren häufig mit ihrem Boot „Kleine Arche Noah" auf der Spree. Manchmal übernachten sie im Gasthaus „Große Freiheit".
• **Artikel**, **Präpositionen** und **Konjunktionen** werden **kleingeschrieben**.	Lotte träumt vom Kap der Guten Hoffnung, Hans liest abends gern ein Buch über die Vereinigten Staaten von Amerika. Heute schauen sie gemeinsam den Film „Harry und Sally" an.

Damit haben Sie auch schon das Handwerkszeug für die großen Namen dieser Welt. Hier finden Sie noch ein paar ergänzende Regeln:

Großgeschrieben werden **Namen**	
• von **Straßen**, **Plätzen** und **Städten** o. Ä.	Bad Homburg, Unter den Linden, Neuer Markt
• von **geografischen Gegebenheiten**	Bayerischer Wald, Indischer Ozean, Straße von Gibraltar
• aus **Astronomie** und **Fachsprachen**	Großer Wagen, Kleiner Bär, Fleißiges Lieschen
• in **Bauwerken** und bei **Fahrzeugen**	Französischer Dom, der Schiefe Turm von Pisa, Gorch Fock

• von **Institutionen** und **Organisationen**	Deutscher Bundestag, Statistisches Bundesamt, Zweites Deutsches Fernsehen
• von **Firmen, Gaststätten** und **Hotels** o. Ä.	Deutsche Bahn, Gasthaus zum Flinken Hasen, Hotel Vier Jahreszeiten
• von **Zeitschriften** und **Zeitungen**	Frankfurter Allgemeine Zeitung, Der Spiegel, Die Zeit
Artikel werden **kleingeschrieben**, wenn sie im Satz verändert werden, Titel werden dekliniert.	Das stand in **der** Zeit. das Titelblatt **des** Spiegels
• innerhalb **inoffizieller Namen** und in **Abkürzungen**	Naher Osten, Vereinigte Staaten, EU
• von **historischen Ereignissen** und **Epochen**	die Goldenen Zwanziger, der Zweite Weltkrieg
• als **Ehrenbezeichnungen** und **Titel**	die Heilige Schrift, die Königliche Hoheit, der Regierende Bürgermeister
• in besonderen **Kalendertagen**	der Erste Mai, der Heilige Abend
Feste Verbindungen aus **Adjektiv + Nomen** mit neuer **Gesamtbedeutung** dürfen **groß- oder kleingeschrieben** werden.	die Grüne/grüne Woche (= Ausstellung), der Weiße/weiße Tod (= Lawinentod), das Schwarze/schwarze Brett (= Anschlagtafel)
Entsteht **keine neue Gesamtbedeutung**, werden sie nur **kleingeschrieben**.	ein gutes neues Jahr, die höhere Mathematik, der schwarze Tee

Ableitungen von **geografischen Eigennamen** werden	
• **großgeschrieben**, wenn sie auf *-er* enden,	Frankfur**ter** Banken, Nürnber**ger** Bratwürste, Schwei**zer** Schokolade
• **kleingeschrieben**, wenn sie auf *-isch* enden.	**d**än**ische** Butter, **o**stfries**ischer** Tee, **s**chwed**ische** Krimis

Auch die richtige Schreibung von Eigennamen mit Apostroph oder selten vorkommenden Endungen sind kein Hexenwerk:

Ableitungen von **Personennamen** auf *-sch* werden **großgeschrieben**, wenn sie mittels Apostroph angehängt sind.	die **D**arwin'sche Evolutionslehre, das **O**hm'sche Gesetz
Ansonsten schreibt man sie **klein**.	die **d**arwinsche Evolutionslehre, das **o**hmsche Gesetz
Dies gilt auch für Ableitungen mit **anderen adjektivischen Endungen**.	das **e**ulenspiegelhafte Treiben, die **k**afkaeske Stimmung

Die Schreibung von Sprach- und Farbbezeichnungen

Jetzt wird es kunterbunt, aber trotzdem alles andere als ungeordnet. Die korrekte Schreibung von Sprachen und Farben ist ganz einfach umzusetzen:

Sprach- und Farbbezeichnungen, die Sie mit	
• *Wie?* erfragen können, werden **kleingeschrieben**,	Die Schriftzeichen waren **c**hinesisch, nicht **j**apanisch. Das Kind spricht **f**ranzösisch. Ich habe das Wichtigste **g**rün markiert. Mein Lieblingspulli ist **r**ot.

• *Was?* erfragen können, werden **großgeschrieben**.	Wir unterhalten uns auf Deutsch. Der Text ist in Englisch geschrieben. Mischen von Blau und Gelb ergibt Grün. Die Farben sind in Rot gehalten.

Die Schreibung der Anredepronomen

Hier darf es durchaus ein bisschen weniger förmlich zugehen: Was sich vertraut anfühlt, darf auch vertraut geschrieben werden.

Sie und *Ihr* schreibt man **groß**.	In diesem Punkt haben Sie recht. Ich kann Ihre Argumente nachvollziehen.
Dagegen werden *du* und *dein* sowie *ihr* und *euer* **kleingeschrieben**.	Kannst du mir bitte helfen? Ich brauche deine Unterstützung. Es wichtig, dass ihr pünktlich seid und eure Tickets bereithaltet.
In **Briefen** und **E-Mails** dürfen Sie *Du/Dein* sowie *Ihr/Euer* auch **großschreiben**.	Lieber Jan, danke für Deine Nachricht. Ich hatte mich schon gewundert, warum Ihr Euch so lange nicht gemeldet habt …
Das **Reflexivpronomen** *sich* wird **kleingeschrieben**.	Möchten Sie sich noch ein bisschen umschauen?

In **Anreden** und **Titeln** und in den **älteren Anredeformen** wird **großgeschrieben**.	Eure Majestät, Seine Heiligkeit, Möge Er sich setzen.

Satzanfänge werden (fast) immer großgeschrieben

Manchmal sind Wörter ganz unabhängig von ihrem Wesen einfach deshalb großzuschreiben, weil sie an einer besonderen Stelle im Text stehen: am Satzanfang.

In den folgenden Fällen wird **großgeschrieben:**	
• **das erste Wort** eines **ganzen Satzes**	Heute ist das Wetter wunderbar. (Aussagesatz) Wird die Temperatur noch steigen? (Fragesatz) Komm mit ins Wasser! (Aufforderungssatz)
• nach einem **Satzschlusspunkt**	Das wirst du schaffen. Da bin ich mir sicher.
• in der **wörtlichen (direkten) Rede**	Wir versprechen: „Es wird ein großer Spaß!" Sie erzählte begeistert: „Das war toll!"
• das **erste Wort** in **Überschriften** und **Werktiteln**	Die Groß- und Kleinschreibung Eine kleine Nachtmusik
Dies gilt auch dann, wenn ein Titel **zitiert** wird. Dabei kann der Anfang verändert werden, deklinierte Artikel rücken vor den zitierten Titel.	Ich lese dir noch ein bisschen aus dem Buch „Der kleine Prinz" vor. Möchtest du wieder etwas aus dem „Kleinen Prinzen" hören? Wir hören die Serenade „Eine kleine Nachtmusik" von Mozart. Alle waren von Mozarts „Kleiner Nachtmusik" begeistert.
• das erste Wort nach **Gliederungsangaben**	1. Was die Großen von den Kleinen lernen sollen c) Entscheiden Sie, ob die genannten Wörter großgeschrieben werden.

Nach einem Doppelpunkt wird nur dann **großgeschrieben**, wenn diesem ein vollständiger Satz folgt.	Das Folgende ist mir sehr wichtig: Wir wollen in jedem Fall zusammen lernen und werden dabei viel Spaß haben. Auch heute Nachmittag haben wir etwas vor: Wir können in den Park gehen und Drachen steigen lassen.
Folgt **nach einem Doppelpunkt** kein vollständiger Satz, wird **kleingeschrieben**. Dies gilt insbesondere für Ausrufe, einzelne Wörter, Aufzählungen oder Wortgruppen.	Bitte bring unbedingt mit: weißes Papier und bunte Stifte. Mathematik: sehr gut
Nach einem Doppelpunkt kann **groß- oder kleingeschrieben** werden, wenn er durch ein Komma oder einen Gedankenstrich ersetzt werden könnte.	Stifte, Bücher und Hefte: Wir/wir haben alles eingepackt. Stifte, Bücher und Hefte, wir haben alles eingepackt. Stifte, Bücher und Hefte – wir haben alles eingepackt.

Völlig zu Recht dürfen Sie nun einwenden, dass noch die kleine Einschränkung *fast* in der Überschrift zu erläutern bleibt:

Auslassungspunkte, Apostroph und **Zahlen** am Beginn eines ganzen Satzes gelten selbst als **Satzanfang**, d. h., die Schreibung des folgenden Wortes wird hier **nicht** beeinflusst.	… läuft und läuft und läuft. 'ne Menge Rechtschreibregeln haben wir gelernt. 101 niedliche Dalmatiner kamen in dem Film vor.

Die Getrennt- und Zusammenschreibung

Die ganze Welt *steht Kopf?* Oder kann sie nur *kopfstehen?* Und darf man ihr das *übel nehmen* oder nur *übelnehmen?* Ihr Kind zerbricht sich *äußerst besorgniserregend* den Kopf und Ihnen bereitet dies *große Besorgnis erregendes* Kopfzerbrechen? Das wird sich auf den folgenden Seiten *höchstwahrscheinlich* – oder muss es womöglich *höchst wahrscheinlich* heißen? – ändern!

Die Getrennt- und Zusammenschreibung

Hier wird zusammengeschrieben:

- **Nomen als Grundwort:** *Deutschbuch, Rennrad, Langlauf, Getrenntschreibung, Durchreise, Wiederwahl, Babysitter*
- **Nomen + Verb**, wenn bei getrennter Wortstellung das Nomen **nicht** durch ein Begleitwort ergänzt werden kann: *eislaufen, kopfstehen*
- **Adjektiv + Verb** bei neuer Gesamtbedeutung: *krankschreiben*
- **Präposition + Verb:** *entgegenlaufen, übersetzen*
- **nicht selbstständiges Adverb + Verb:** *beisammensitzen, dazukommen*
- **Nominalisierungen:** *das Getrenntschreiben*
- **Adjektiv/als Adjektiv gebrauchtes Partizip als Grundwort:**
  - der erste Teil ersetzt mehrere Wörter: *herzerfrischend*
  - der erste Teil stuft die Bedeutung ab: *hyperaktiv*
  - der erste Teil kommt nicht selbstständig vor: *redselig*
- **Grundzahlen unter einer Million, alle Ordnungszahlen:** *zweitausendachthunderteins, das dreißigmillionste Fahrzeug*
- **Spezialfälle:** *irgendwann, irgendein, folgendermaßen, jederzeit, indem*

Hier wird getrennt geschrieben:

- **selbstständiges Nomen + Verb:** *Kaffee kochen*
- **Verb + Verb:** *lesen üben*
- **Adjektiv + Verb:** *schnell laufen;* **Partizip + Verb:** *gelobt werden*
- **selbstständiges Adverb + Verb:** *wieder treffen*
- **Verbindungen mit** *sein:* *da sein, dabei gewesen*
- **Partizip + Adjektiv/als Adjektiv gebrauchtes Partizip:** *leuchtend weiß*
- **Spezialfälle:** *so oft, wie weit, wie viele, (all)zu sehr, gar kein, gar nicht*

IMFOLGENDENERKLÄRENWIRIHNENDIEREGELNDERZUSAMMENSCHREIBUNG.
Wenn Sie diese Buchstabenkette lesen, sind Sie sicher sofort von der Notwendigkeit
überzeugt, dass Wörter voneinander abgegrenzt werden müssen, oder? Dieses Kapitel
unserer Rechtschreibreise ist den Regeln, wann getrennt und wann zusammengeschrieben wird, gewidmet. Zugegeben, jetzt geht es etwas bergauf, aber Sie haben auf den
letzten Seiten genug Kondition erworben, um auch diese Etappe locker bewältigen zu
können!

Verbindungen mit Nomen als zweitem Bestandteil

Im letzten Kapitel konnten Sie die Nomen bereits als freundliche und zuverlässige Reise-
gefährten kennenlernen. Lassen Sie uns deshalb mit den Verbindungen beginnen, die als
zweiten Bestandteil – wir nennen ihn *Grundwort* – ein Nomen haben.

Ein Nomen als Grundwort: Wann zusammengeschrieben wird

Die folgenden Beispiele werden Ihnen normalerweise keinerlei Schwierigkeiten bereiten. Vielleicht fällt Ihnen auf, dass sie alle auf dem ersten Bestandteil betont werden.

Diese Zusammensetzungen mit Nomen ergeben wiederum **Nomen** und werden **zusammen- und großgeschrieben:**	
• **Nomen** + Nomen = Nomen	Deutsch**b**uch, Geschwister**k**ind
• **Verb(stamm)** + Nomen = Nomen	Renn**r**ad, Schwim**mw**este
• **Adjektiv** + Nomen = Nomen	Lang**l**auf, Neu**s**tart
• **Partizip** + Nomen = Nomen	Gefange**nh**altung, Getrenn**t**schreibung
• **Präposition** + Nomen = Nomen	Durch**r**eise, Vorgeschichte

• **Adverb** + Nomen = Nomen	Jetztzeit, Wiederwahl
• ursprünglich **aus dem Englischen** übernommene Zusammensetzungen, die auf dem ersten Bestandteil betont werden.	Babysitter, Software

Nun machen wir noch einen Abstecher zu Besonderheiten bei geografischen Bezeichnungen. Sie wissen bereits aus dem letzten Kapitel, dass solche Ableitungen auf *-er* großgeschrieben werden. Jetzt nehmen wir unter die Lupe, wann sie mit einem nachfolgenden Nomen auf Tuchfühlung sind:

Ableitungen geografischer Namen auf *-er* schreibt man mit dem folgenden Nomen zusammen, wenn sie **Personen** oder **Personengruppen** bezeichnen.	Römerbrief, Schweizergarde, Wittelsbacherallee
Ist jedoch eine **geografische Lage** gemeint, schreibt man **getrennt**.	Brandenburger Tor, Mannheimer Straße, Schweizer Käse

Ein Nomen als Grundwort: Wann getrennt geschrieben wird

Sprachlich gesehen bleiben wir noch ein einen Moment im Ausland.

Englische Verbindungen aus **Adjektiv** und **Nomen** werden im Deutschen **getrennt geschrieben**, wenn die Betonung immer auf beiden Bestandteilen liegt.	Electronic Banking, High Fidelity

Ein Nomen als Grundwort: Wann getrennt sowie zusammen richtig ist

Zu guter Letzt finden Sie hier noch ein paar Verbindungen, die Ihnen im Hinblick auf die Getrennt- und Zusammenschreibung die Wahl lassen.

In diesen Verbindungen mit Nomen darf **getrennt und zusammengeschrieben** werden:	
• an Stelle/anstelle	Heute kam Frau Icks **an Stelle/anstelle** von Frau Ypsilon in den Klassenraum.
• auf Grund/aufgrund	**Auf Grund/Aufgrund** eines Staus haben wir länger gebraucht.
• mit Hilfe/mithilfe	**Mit Hilfe/Mithilfe** des Übungsbuches konnten wir die Arbeit gut vorbereiten.
• nach Hause/nachhause	Komm bitte nicht so spät **nach Hause/ nachhause**.
• zu Hause/zuhause	Kann ich schnell **zu Hause/zuhause** anrufen?
• von Seiten/vonseiten	Wir bekamen **von Seiten/vonseiten** der Eltern viel Unterstützung.
• zu Gunsten/zugunsten	Der Richter entschied **zu Gunsten/ zugunsten** des Angeklagten.
• zu Ungunsten/zuungunsten	Die Entscheidung fiel **zu Ungunsten/ zuungunsten** der Schüler.
• zu Lasten/zulasten	Langes Aufbleiben geht **zu Lasten/ zulasten** der Gesundheit.

Verbindungen mit Verben als zweitem Bestandteil

Wir beginnen unsere Tour durch die Schreibung mit Verben direkt mit einem kleinen Anstieg. Aber wenn Sie oben angekommen sind, werden Sie einen wunderbaren Ausblick auf die eher geläufigere Getrenntschreibung haben. Außerdem dürfen Sie sich auch schon auf weiteres orthografisches Schlaraffenland freuen …

Ein Verb als Grundwort: Wann zusammengeschrieben wird

Wenn sich Verben verbinden, sind sie nicht so treu wie Nomen: Hier ist es durchaus üblich, dass das, was prinzipiell zusammengehört, auch getrennte Wege gehen kann. Unsere Reise führt Sie deshalb zu trennbaren und untrennbaren Zusammensetzungen.

Trennbare Zusammensetzungen: **Wort + Verb = Verb** Die Partner trennen sich manchmal im Satz und ändern auch ihre Reihenfolge.	Mein Bruder möchte immer **mitspielen**. Ich **spiele** auf jeden Fall **mit**. Komm, **spiel mit**! Viele Klassen **spielten mit**.
• **Zusammengeschrieben** stehen sie nur im **Infinitiv** und in den **Partizipien**.	**mitspielen** Alle **mitspielenden** Kinder hatten hinterher schmutzige Hosen.
• Sie können trennbare Zusammensetzungen auch daran erkennen, dass das Partizip II meist mit eingeschobener Silbe -ge- gebildet wird.	Unsere Freunde haben mitgespielt. Gestern bin ich wegen eines Termins sehr früh aufgestanden.

In den folgenden Fällen wird mit dem Verb **zusammengeschrieben**. Die Zusammensetzungen sind trennbar.	
• **verblasstes Nomen + Verb = Verb**	Wir gehen **eislaufen**. Die Welt wird **kopf**stehen.
Um herauszufinden, ob es sich um ein verblasstes Nomen handelt, hilft häufig diese Probe: Hier können Sie bei getrennter Wortstellung keine Begleitwörter einfügen.	**nicht**: *Wir laufen **ein kaltes** Eis; also: Wir laufen eis. **nicht**: *Die Welt steht **den** Kopf; also: Die Welt steht kopf.

- **Adjektiv + Verb = Verb,** wenn die Zusammensetzung eine **neue Gesamtbedeutung** hat, die sich nicht aus den Bedeutungen der einzelnen Bestandteile ergibt. Wenn eine neue Gesamtbedeutung entsteht, wird der erste Teil betont.

Der Arzt muss ihn **krank**schreiben (= eine Krankheit bescheinigen).
Ich muss das unbedingt **richtig**stellen (= berichtigen).

Wenn nicht klar ist, ob eine neue Gesamtbedeutung vorliegt, darf sowohl **getrennt** als auch **zusammengeschrieben** werden.

Ich habe es **lieb gewonnen/liebgewonnen**.
Ich hoffe, du wirst es mir nicht **übel nehmen/übelnehmen**.

- **Präposition + Verb = Verb,** wenn der erste Bestandteil betont wird.

Wir sollten den Schokoriegel in der Mitte **durchbrechen**.
Ich konnte dir **entgegenlaufen**.

- **Adverb + Verb = Verb,** wenn der erste Teil betont ist.

Lass uns noch etwas **beisammensitzen**.
Ich freue mich, dich **wiederzusehen**.
aber: Erst vorhin habe ich ihn **wieder gesehen** (= erneut gesehen).

Diese Wörter geben häufig eine **Richtung** oder einen **Ort** an.

Jeder möchte sofort ins Wasser **hineinspringen**.
Möchtest du **hinfahren?**

Dies gilt auch, wenn in Wörtern wie *darin, daran, darauf* das erste *a* entfällt oder sie auf der zweiten Silbe betont werden.

Ich werde an dem Thema **dranbleiben**.
Sie sollte nicht einfach **drauflosreden**.
Du darfst natürlich zu diesem Termin **dazukommen**.
aber: Ich bin noch nicht **dazu gekommen**, meine Hausaufgaben zu machen.

- **Wort + Verb = Verb,** wenn das Wort nicht alleine vorkommt.

Diese Aufstellung darf uns nicht **abhandenkommen**.
Er **kommt** nicht **umhin**, sich mit dem Thema zu beschäftigen. (= umhinkommen)

Die folgenden Wörter prägen Sie sich am besten ein:

Mit diesen Verbbestandteilen wird **zusammengeschrieben:**	
• **fehl-**	Er ließ sich nicht **fehlleiten**.
• **feil-**	**Feilbieten** ist ein seltenes Verb.
• **heim-**	Ach, wenn sie doch schon **heimkäme!**
• **irre-**	Der Lärm soll uns nicht **irremachen**.
• **kund-**	Er wollte seine Meinung **kundtun**.
• **preis-**	Den Grund konnte er nicht **preisgeben**.
• **wahr-**	Ich wollte es nicht **wahrhaben**.
• **weis-**	Das kannst du mir nicht **weismachen**.
• **wett-**	Der Erfolg wird die Mühe **wettmachen**.

Untrennbare Zusammensetzungen werden in allen Formen zusammengeschrieben und behalten ihre Reihenfolge bei.	Betrachten wir den Infinitiv **schlafwandeln**: Ich **schlafwandle** nur selten. Ich bitte dich, **schlafwandle** nicht! Bisher **schlafwandelten** nur wenige Kinder auf Klassenfahrten.
Sie können untrennbare Zusammensetzungen auch daran erkennen, dass das Partizip II meist mit vorangestelltem *ge-* gebildet wird.	Ich habe lange mit dem Kauf der schicken Jacke **geliebäugelt**. Aus seinen seltenen Anrufen habe ich **geschlussfolgert**, dass er viel Arbeit hat.

Auch in den folgenden Fällen wird mit dem Verb **zusammengeschrieben**. Die Zusammensetzungen sind jedoch untrennbar.	
• **Nomen** + Verb = Verb	Die neue Technik ist gut zu **handhaben**. Ich mag nicht, dass du mich **maßregelst**.
Hier können Sie keinen Artikel vor dem Nomen ergänzen, der sich nur auf das Nomen bezieht.	**nicht**: *Man kann die Technik **die Hand** haben. *Du sollst mich nicht **das Maß** regeln.
• **Adjektiv** + Verb = Verb	In Fugen kann sich Schmutz **festsetzen**. Manchmal **langweile** ich mich.
Hier können Sie das Adjektiv nicht steigern.	**nicht**: *festersetzen, *längerweilen
• **Präposition** + Verb = Verb, wenn der zweite Bestandteil betont wird.	Das Ziel des Experiments war es, die Schallmauer zu **durchbrechen**. Kannst du den englischen Text **übersetzen?**
• **Adverb** + Verb = Verb, wenn der zweite Teil betont wird.	Vor der Klassenarbeit werden wir die Regeln **wiederholen**.

Ein Verb als Grundwort: Wann getrennt geschrieben wird

Sind Sie im letzten Abschnitt etwas aus der Puste gekommen? – Jetzt können Sie wieder Luft holen, denn wir beschäftigen uns mit den „Regelfällen".

Diese Verbindungen mit Verben werden **getrennt geschrieben**:	
• **selbstständiges Nomen** + Verb	Ich muss noch schnell **Kaffee** kochen. Dann können wir in Ruhe **Zeitung** lesen.

Hier können Sie einen Artikel vor dem Nomen ergänzen, ohne dass sich der Sinn des Satzes verändert.	Ich muss noch schnell **den** Kaffee kochen. Dann können wir in Ruhe **die** Zeitung lesen.
• **Verb** + Verb	Er wollte lieber **lesen** üben. Später werden wir **spazieren** gehen.
• **Adjektiv** + Verb	Du darfst ihm ruhig **nahe** kommen. Sie muss **schnell** laufen.
Hier beschreibt das Adjektiv die Art und Weise, in der die Tätigkeit erfolgt.	**Wie** darfst du kommen? – **Nahe.** **Wie** muss sie laufen? – **Schnell.**
• **Partizip** + Verb	Jeder möchte gerne für seine Leistungen **gelobt** werden. Die Regel lautet: Verbindungen aus Partizip + Verb muss man **getrennt** schreiben.
• **selbstständiges Adverb** + Verb	Ich möchte dich hier **wieder** (= erneut) treffen. Lass uns die Übung **zusammen** machen.

Stopp! Bevor Sie ins Grübeln geraten, wie Sie erkennen, ob ein Adverb selbstständig ist oder nicht: Hier geben wir Ihnen zwei Entscheidungshilfen an die Hand. Eine davon haben Sie in den letzten Abschnitten schon erfolgreich benutzt.

Die Betonungsprobe:	
• Wird (auch) das Verb betont, schreibt man **getrennt**.	Ich trinke meinen Kaffee und möchte **dabei sitzen**. Lass uns doch **zusammen lesen**.
• Wird jedoch das Adverb deutlich stärker betont als das Verb, schreibt man **zusammen**.	Wenn du deine Hausaufgaben machst, muss ich nicht **dabeisitzen**. Hier musst du **zusammenschreiben**.

Die Einschubprobe:

• Wenn zwischen Adverb und Verb **Wörter eingefügt** werden können, schreibt man **getrennt**.	Ich trinke meinen Kaffee und möchte dabei **in der Sonne** sitzen. Lass uns doch zusammen **den neuesten Artikel** lesen.
• Wenn **keine Wörter** zwischen Adverb und Verb **eingefügt** werden können, wird **zusammengeschrieben**.	Wenn du deine Hausaufgaben machst, muss ich nicht **die ganze Zeit** dabeisitzen. Hier musst du **die beiden Wörter** zusammenschreiben.

Nützliches aus der Trickkiste kann man eigentlich nie genug haben, oder?

Bei folgenden Bedeutungen schreibt man **getrennt**:

• **weiter** im Sinne von *weiter als*	Heute konnte ich **weiter** laufen (als gestern), ohne aus der Puste zu sein. **aber**: Du musst einfach **weiterlaufen** (= vorwärts laufen), dann kommst du schon an.
• **wieder** im Sinne von *noch einmal*	Die Fußballfrauen haben sich den Titel auch in diesem Jahr **wieder** geholt. **aber**: Nach drei Jahren haben sie sich endlich den Titel **wiedergeholt** (= zurückgeholt).
• **zusammen** im Sinne von *gemeinsam, gleichzeitig*	Diese schwere Tasche müssen wir **zusammen** tragen. **aber**: Wir müssen viele Argumente **zusammentragen** (= sammeln).

selbst + Verb schreibt man **getrennt**.	Kannst du einen Schal **selbst** stricken? Sie wird ihr Geld **selbst** verdienen.

Verbindungen mit *sein* schreibt man in allen Zeitformen **getrennt**.	Ich werde immer für dich **da sein**. Er ist leider nicht **dabei gewesen**.

Noch ein wichtiger Hinweis zum Schluss dieses Abschnitts:

Nominalisierte Verbindungen schreibt man **zusammen**.	**Das Anwendenkönnen** der Rechtschreibregeln bewirkt **das** korrekte **Getrenntschreiben** in kniffligen Fällen. Pizza **zum Selbstbelegen** unterstützt häufig **das Leeressen** der Teller.

Ein Verb als Grundwort: Wann getrennt sowie zusammen richtig ist

Unser letzter Abstecher in diesem Bereich betrifft die Verbindungen mit Verben, bei denen Sie nichts falsch machen können. Sie dürfen selbst entscheiden, ob Sie lieber getrennt oder zusammenschreiben möchten.

In manchen Fällen dürfen Verbindungen aus **Nomen** + Verb sowohl **getrennt** als auch **zusammengeschrieben** werden.	Auf dem Schulweg musst du immer **Acht geben/achtgeben**. Beim Überqueren der Straße musst du auf jeden Fall **Halt machen/haltmachen**.
• Die unterschiedlichen Schreibweisen gelten auch bei getrennter Stellung im Satz.	Gib auf dem Schulweg **Acht/acht**! Mach am Bordstein **Halt/halt**!

Ihnen ist aufgefallen, dass es sich hier um trennbare Zusammensetzungen handelt? Und Sie fragen sich, ob es derartige Fälle auch für untrennbare gibt? Richtig, genau darum geht es jetzt. Die beiden folgenden Beispiele verhalten sich mit jeweils einer zusätzlichen Einschränkung genauso:

Auch hier werden **Nomen +** Verb sowohl **getrennt** als auch **zusammengeschrieben**.	Wir müssen ihm **Dank sagen/danksagen**. Hilfst du mir bitte **Staub saugen/staubsaugen?**
Entscheiden Sie sich für die zusammengeschriebene Form, darf sie auch im Satz nicht getrennt werden.	Wir **danksagen** allen Teilnehmern. Heute **staubsaugt** er an meiner Stelle.

Die zusätzlichen Besonderheiten der nächsten Beispiele dürfen Sie sportlich nehmen:

Auch in diesen Fällen werden **Nomen +** Verb sowohl **getrennt** als auch **zusammengeschrieben**.	Im Sportunterricht lernen die Kinder **Brust schwimmen/brustschwimmen**. Nur trainierte Sportler können **Marathon laufen/marathonlaufen**.
Wählen dürfen Sie allerdings nur in der Grundform. Ansonsten muss das Nomen getrennt und großgeschrieben werden.	Im Sportunterricht **schwimmen** die Kinder **Brust**. Er **läuft Marathon**.

Auch im Bereich der Verbindungen von Verben mit Verben haben Sie in bestimmten Fällen die Qual der Wahl:

Verben dürfen in Verbindung **mit** *bleiben* oder *lassen* **zusammengeschrieben** werden, wenn durch die Zusammensetzung eine **neue Gesamtbedeutung** entsteht.	**nur:** Du kannst noch ein bisschen im Garten **sitzen bleiben**. Das Kind hat die Vase **fallen lassen**. **aber:** Wenn er sich in diesem Schuljahr nicht anstrengt, wird er möglicherweise **sitzen bleiben/sitzenbleiben**. Gerade in schwierigen Zeiten darf man Freunde nicht **fallen lassen/fallenlassen**.
Richtig sind außerdem *kennen lernen* und *kennenlernen*.	Ich möchte deine Freunde unbedingt **kennen lernen/kennenlernen**.

Bevor wir das orthografische Schlaraffenland wieder verlassen, kommen wir noch zu Verbindungen aus Adjektiven und Verben:

Wenn ein **einfaches** Adjektiv in der Verbindung **Adjektiv + Verb** das **Ergebnis der Tätigkeit** ausdrückt, darf sowohl **getrennt** als auch **zusammengeschrieben** werden.	Möchtest du dein Zimmer ganz sicher **blau streichen/blaustreichen?** Mein kleiner Bruder wollte mein schönes Bild **kaputt machen/kaputtmachen!**

Adjektive und Partizipien als zweiter Teil einer Verbindung

Da das Partizip eine Verbform ist, die eine Zwischenstellung zwischen Verb und Adjektiv einnimmt und in vielen Fällen wie ein Adjektiv benutzt werden kann, schlagen wir jetzt gleich zwei *flatternde* Fliegen mit einer *geeigneten* Klappe und bringen diese beiden *beschreibenden* Wortarten nicht nur unter einen Hut, sondern sogar in einen Abschnitt.

Ein Adjektiv oder ein als Adjektiv gebrauchtes Partizip als Grundwort: Wann zusammengeschrieben wird

Um unsere – Ihnen hoffentlich lieb gewordenen – Reisegewohnheiten beizubehalten, beginnen wir auch diese Etappe mit der Zusammenschreibung.

Zusammensetzungen von **gleichrangigen Adjektiven** schreibt man **zusammen**.	Viele Pflanzen gedeihen bei **feuchtwarmem** Klima besonders gut. In unseren Breiten ist das Wetter leider häufig **nasskalt**.
Zur Probe können Sie hier *und* ergänzen.	Das Klima in den Tropen ist feucht **und** warm. Hier ist es oft nass **und** kalt.

Zusammensetzungen mit den **Fugenelementen** *-e-*, *-n-* oder *-s-* werden **zusammengeschrieben**.	Heute bin ich hundemüde. Der März hatte viele sonnenarme Tage. Manchmal bin ich anlehnungsbedürftig.

Verbindungen mit **Adjektiven** oder **als Adjektiv gebrauchten Partizipien** werden **zusammengeschrieben**, wenn	
• der erste Teil **mehrere Wörter ersetzt**,	Bei Gewitter sind viele Menschen **angsterfüllt** (= **von Angst** erfüllt). Kinder sind von Natur aus **herzerfrischend** (= **das Herz** erfrischend).
• ein Bestandteil in dieser Form **nicht selbstständig** vorkommt,	Es kamen viele **red**selige Gäste. Sie warfen sich viel**deutige** Blicke zu.
• der erste Teil die **Bedeutung verstärkt oder abschwächt**.	Das Mädchen trug **hell**rote Schuhe. Manche Kinder sind **hyper**aktiv.
Dies gilt nicht für die abgeleiteten Adjektive auf *-ig, -isch, -lich*.	Das scharfe Essen war **teuflisch** lecker. Wir haben uns **königlich** amüsiert.

Doch wann schreibt man die *Partizipien* selbst zusammen? Das ist ganz einfach:

Die Schreibung des **Partizips** richtet sich immer nach der Schreibung der zugrundeliegenden Verbform.	Die Scherben der **heruntergefallenen** Vase mussten aufgefegt werden. Mit den **lila gefärbten/lilagefärbten** Strähnen im Haar lenkte er viele Blicke auf sich.
Wird die zugrundeliegende Verbform getrennt geschrieben, darf das Partizip **getrennt oder zusammengeschrieben** werden, wenn es als Adjektiv gebraucht wird.	Die **hell leuchtenden/hellleuchtenden** Warnlampen machten auf die Baustelle aufmerksam. Die **neu bearbeitete/neubearbeitete** Auflage des Physikbuches ist auf dem aktuellen Stand der Wissenschaft. **aber nur:** Das Physikbuch wurde in diesem Jahr neu bearbeitet.

Zum Abschluss dieses Abschnitts treffen wir auf alte Bekannte, nämlich die Zahlen. Wenn sie nicht als Nomen gebraucht werden, begegnen sie uns als Zahlwörter, die vor Nomen stehen können.

Grundzahlen unter einer Million und alle **Ordnungszahlen** schreibt man **zusammen**.	**zweitausendachthunderteins, aber: eine Million siebzehn** In diesem Jahr feiern wir den **zweihundertsten** Geburtstag von Richard Wagner. Das **dreißigmillionste** Fahrzeug durchlief die Endabnahme.

Ein Adjektiv oder ein als Adjektiv gebrauchtes Partizip als Grundwort: Wann getrennt geschrieben wird

In diesem Teil unseres Rechtschreibabenteuers erwarten Sie nur leicht umschiffbare Klippen.

Verbindungen aus **Partizipien** mit Adjektiven oder als Adjektiv gebrauchten Partizipien werden **getrennt geschrieben**, auch wenn sie die Bedeutung des zweiten Teils verstärken oder abschwächen.	Seine Zähne sind dank guter Pflege **leuchtend weiß**. Man soll Schweinefleisch nur verzehren, wenn es **ausreichend d**urchgebraten ist.
Ist der **erste Bestandteil** selbst ein **gesteigertes oder erweitertes Adjektiv**, schreibt man Verbindungen mit Adjektiven oder als Adjektiv gebrauchten Partizipien **getrennt**.	Fettarme Kost ist **leichter** verdaulich. Ohne deine Erklärung wäre das Thema für alle **äußerst schwer** verständlich.

Seien Sie unbesorgt, Sie werden nicht an den Zweifelsfällen verzweifeln! Wir können Ihnen höchstpersönlich versichern, dass dies zu Ihrer höchst persönlichen Erleichterung beiträgt:

In allen **Zweifelsfällen**, in denen nicht klar ist, ob eine Steigerung bzw. Erweiterung der gesamten Verbindung oder nur des ersten Teils vorliegt, entscheidet die **Betonung** im Satz:	
• Es wird **getrennt geschrieben**, wenn der zweite Teil betont wird.	Es ist **höchst wahrscheinlich**, dass Sie hier keine Fehler machen. Rechtschreibung ist toll – das ist meine **höchst persönliche** Ansicht!
• Es wird **zusammengeschrieben**, wenn die Betonung auf dem ersten Teil liegt.	**Höchstwahrscheinlich** werden Sie diese Regel mögen. Ich werde dich **höchstpersönlich** abholen.

Ein Adjektiv oder ein als Adjektiv gebrauchtes Partizip als Grundwort: Wann getrennt sowie zusammen richtig ist

… und schon sind wir im orthografischen Schlaraffenland dieses Abschnitts angekommen.

In den folgenden Fällen darf **getrennt** und **zusammengeschrieben** werden:	
• **Nomen + als Adjektiv gebrauchtes Partizip**, wenn das Nomen nicht erweitert ist	Seine **Hilfe suchenden/hilfesuchenden** Blicke blieben ihr nicht verborgen. Das Schicksal **Not leidender/notleidender** Kinder muss uns zum Handeln bringen. **aber nur**: Die **schnelle** Hilfe suchenden Opfer des Hochwassers wandten sich direkt an den Landrat. Die **äußerste** Not leidenden Kinder dürfen uns nicht kaltlassen.

• Adjektiv + als Adjektiv gebrauchtes Partizip	Die **allein erziehenden/alleinerziehenden** Eltern sind besonders auf Kitaplätze angewiesen. Vor der Einschulungsfeier standen die Eltern in **dicht gedrängten/dichtgedrängten** Reihen.
• Adjektiv + Adjektiv/als Adjektiv gebrauchtes Partizip, wenn der erste Teil ein **einfaches, nicht dekliniertes Adjektiv** ist, das die Bedeutung des zweiten Teils verstärkt oder abschwächt	Diese Kriterien sind inzwischen **allgemein gültig/allgemeingültig**. Glücklicherweise wurde das Kind bei dem Unfall nicht **schwer verletzt/schwerverletzt**.
• *selbst* + als Adjektiv gebrauchtes Partizip	Die **selbst gebackenen/selbstgebackenen** Kekse waren lecker. Er hatte sich über den **selbst gestrickten/selbstgestrickten** Pullover leider nicht gefreut.
• *nicht* + Adjektiv, wenn sich *nicht* nur auf das Adjektiv bezieht, aber nicht auf eine Wortgruppe oder den ganzen Satz	**Nicht berufstätige/nichtberufstätige** Mütter werden oft nicht anerkannt. **Nicht eheliche/nichteheliche** Kinder werden heutzutage nicht mehr benachteiligt. **aber nur**: Viele Mütter, die **nicht b**erufstätig sein wollen oder können, übernehmen die Organisation der Klassenfeste. Die Lage der Kinder, die **nicht e**helich geboren sind, hat sich verbessert.

Ein Kessel Buntes

Wir beenden das Kapitel über die Getrennt- und Zusammenschreibung mit der Betrachtung einiger „Spezialfälle".

Was immer zusammengeschrieben wird

Verbindungen von *irgend-* mit den sogenannten *w*-Wörtern schreibt man zusammen.	irgend**wann**, irgend**wie**, irgend**wo**
• Dies gilt auch für Verbindungen mit *-ein, -etwas* und *-jemand*.	irgend**ein**, irgend**etwas**, irgend**jemand**
• Im Falle einer Erweiterung wird allerdings getrennt geschrieben.	irgend **so** ein, irgend **so** etwas

Zusammengeschrieben werden **Adverbien** mit	
• **-dessen**	indessen, infolgedessen, stattdessen
• **-falls**	andernfalls, jedenfalls, keinesfalls
• **-mal** (häufig ist der erste Bestandteil betont)	diesmal, manchmal, wievielmal
• **-maßen**	dermaßen, einigermaßen, folgendermaßen
• **-wegen**	deswegen, meinetwegen, weswegen
• **-weise**	dummerweise, möglicherweise, probeweise
• **-zeit**	allzeit, derzeit, jederzeit

Diese **Konjunktionen** werden zu-sammengeschrieben:	
• **anstatt (dass/zu)**	Du sollst dich zuerst informieren, **anstatt dass** du sofort urteilst. Ich arbeite, **anstatt zu** faulenzen.
• **indem**	Du kannst mich trösten, **indem** du bei mir bist.
• **inwiefern**	Lass mich schauen, **inwiefern** ich dir helfen kann.
• **Verbindungen mit** *so-* **und betontem zweiten Bestandteil**	Ich helfe dir, **sobald** du zu Hause bist. Du kannst draußen spielen, **solange** es hell ist.

Zusammengeschrieben werden ebenfalls die folgenden **Präpositionen**:	
• **anhand**	Du kannst dich **anhand** der vorbereiteten Unterlagen informieren.
• **anstatt (des/der)**	**Anstatt** des bestellten roten Kleides wurde ein blaues geliefert.
• **infolge**	Die Ernte fiel dieses Jahr **infolge** des dauerhaften Regens schlecht aus.
• **inmitten**	**Inmitten** des Trubels gab es kaum eine ruhige Minute.
• **zufolge**	Aktuellen Informationen **zufolge** sollen die Bauarbeiten bis zum Sommer beendet sein.
• **zuliebe**	Der Gesundheit **zuliebe** sollte man ausreichend Sport treiben.

Was immer getrennt geschrieben wird

Nur **getrennt** schreibt man Verbindungen,	
• wenn **ein Bestandteil erweitert** ist,	**Dies eine** Mal darfst du bis Mitternacht aufbleiben. (**aber**: diesmal) Mein Angebot, mit dir zu üben, gilt **zu jeder Zeit**. (**aber**: jederzeit) Er hat immer **irgend so einen** flotten Spruch parat. (**aber**: irgendeinen)
• wenn die einzelnen Bestandteile ihre **Selbstständigkeit** bewahrt haben,	Wir lesen heute das Kapitel **zu Ende**. **Darüber hinaus** möchte ich mit dir einen Spaziergang machen.
• die *so, wie* und *(all)zu* als ersten Bestandteil enthalten (dieser kann dann auch betont werden).	Heute hast du **so l**ange warten müssen. Ich habe dich schon **so oft** gelobt. Kopf hoch, du hast doch schon **so viel** erreicht! Weißt du, **wie l**ange wir hier auf dich gewartet haben? **Wie viele** Bonbons möchtest du haben? Hast du bemerkt, **wie weit** du schon gekommen bist? Wir können zu Fuß gehen, die Strecke ist nicht **zu weit**. Du solltest dich nicht **(all)zu sehr** auf dein Glück verlassen.
• Ist *so* allerdings Teil einer Konjunktion, die einen Haupt- und einen Nebensatz verbindet, wird zusammengeschrieben. (*so* ist dann nicht betont.)	**aber:** **Solange** Papa telefoniert, dürfen wir ihn nicht stören. (Bedeutung: während einer bestimmten Zeitspanne) **Sooft** du auch meckerst, du musst die Hausaufgaben erledigen. (Bedeutung: wie oft auch immer)

Ein bisschen aufpassen müssen Sie an folgender Klippe:

Die Verbindung *zur Zeit* schreibt man in der Bedeutung von *zu der Zeit* **getrennt**.	**Zur Zeit** von Kolumbus glaubten die Menschen nicht mehr, dass die Erde eine Scheibe sei.
In der Bedeutung von *jetzt, im Augenblick* schreibt man dagegen **zusammen**.	E-Mails werden **zurzeit** nicht täglich beantwortet.

Verbindungen mit *gar* in der Bedeutung von *überhaupt* werden immer **getrennt geschrieben**.	Es hat **gar** keinen Sinn, die Arbeit aufzuschieben. Ich kann **gar** nicht verstehen, dass dir das keine Freude macht.

Was Sie getrennt sowie zusammenschreiben dürfen

Zum Abschluss führen wir Sie nochmals kurz in orthografisches Schlaraffenland:

Die Verbindung aus *so* und *dass* darf sowohl **getrennt** als auch **zusammengeschrieben** werden.	Wir hatten uns sehr beeilt, **so dass/ sodass** wir noch pünktlich ankamen. Du hast sehr viel gearbeitet, **so dass/ sodass** du jetzt Pause machen kannst.
• Wenn *so* allerdings zum Hauptsatz gehört und *dass* einen Nebensatz einleitet, wird nur getrennt geschrieben. (Hier muss zudem vor *dass* ein Komma gesetzt werden.)	**aber**: Die Kinder stritten sich **so, dass** die Eltern eingreifen mussten. Dein Brief rührte mich **so, dass** ich fast weinen musste.

Im ersten Kapitel haben Sie bereits Verbindungen aus Präpositionen und Nomen kennengelernt, bei denen Sie wählen dürfen, ob Sie sie groß- und getrennt oder lieber klein- und zusammenschreiben möchten. Diese angenehme Eigenschaft bleibt diesen Verbindungen auch dann erhalten, wenn Verben hinzukommen:

Darf der **erste Bestandteil** sowohl **getrennt** als auch **zusammengeschrieben** werden, gilt dies auch in den Verbindungen mit Verben. Vom Verb wird in beiden Fällen getrennt geschrieben.

Wir wollen das verabredete Ziel nicht mehr **in Frage stellen/infrage stellen**. Inzwischen können sich viele die Vorteile des Internets **zu Nutze machen/zunutze machen**.
Weil sich die Beteiligten kompromissbereit zeigten, ist am Ende ein gutes Ergebnis **zu Stande gekommen/zustande gekommen**.
Wenn wir uns anstrengen, werden wir auch viel **zu Wege bringen/zuwege bringen**.

Glückwunsch! Das vermutlich schwierigste Kapitel der deutschen Rechtschreibung haben Sie jetzt hinter sich gebracht.

Die Schreibung mit Bindestrich

Die Schreibung mit Bindestrich

Sie erkennen sicher sofort, dass bei dem Wort *Blumentopferde* kein Hufgetrappel zu erwarten ist. Aber wie ist es mit einem passenden, im Baumarkt erhältlichen *9 cm Topf* für Ihre *Blumentopf-Erde?* Müsste es vielleicht *9 cm-Topf* heißen? Oder gar *9-cm-Topf?* Sie kommen jetzt doch ins Grübeln? Dann schnell hinein ins nächste Kapitel unseres Rechtschreibabenteuers, um die Geheimnisse der korrekten Verwendung des Bindestrichs zu lüften!

Die Schreibung mit Bindestrich

Schnell kapiert

Hier muss ein Bindestrich gesetzt werden:

- Zusammensetzungen mit **Einzelbuchstaben, Abkürzungen, Kurzwörtern, Formeln und Ziffern:** *Dehnungs-h, Kfz-Kennzeichen, dpa-Meldung, H_2O-Anteil, der/die 10-Jährige*
- **Einzelbuchstabe + Nachsilbe:** *x-te Ermahnung, n-te Potenz*
- Zusammensetzungen mit **Ziffer + Nachsilbe:** *10er-Karte, 100stel-Sekunde*
- **als Nomen gebrauchte Zusammensetzungen und Infinitive:** *das Entweder-oder, zum Auf-und-davon-Laufen,* aber: *das Kaffeekochen*
- Zusammensetzungen, die **Wortgruppen oder Zusammensetzungen mit Bindestrichen** enthalten: *Vater-und-Sohn-Gespräch, 400-m-Lauf, UV-Strahlen-belastet*
- bei **unübersichtlichen, gleichrangigen Adjektiven:** *chemisch-physikalische Reaktion, öffentlich-rechtlicher Rundfunk*
- **englische** Verbindungen aus **Verb + Adverb:** *Check-up, Cool-down*
- Zusammensetzungen mit **Eigennamen:** *Blumen-Müller, Alfred-Brehm-Platz*
- **als Ergänzungsstrich:** *Turn- und Sportverein, Unterrichtsbeginn und -ende*

Hier darf ein Bindestrich gesetzt werden:

- Verbindungen mit *Jahr* und *-fach: 60er-Jahre/60er Jahre, das 2-Fache/2fache*
- zur **Vermeidung von Missverständnissen:** *Druck-Erzeugnis/Drucker-Zeugnis, Musik-Erleben/Musiker-Leben*
- zur **Gliederung,** wenn es unübersichtlich wird: *Autobahn-Anschluss, Ultraschall-Zahnbürste*
- wenn **drei gleiche Buchstaben zusammentreffen:** *Kompott-Teller/Kompottteller, Schritt-Tempo/Schritttempo*
- **Nomen aus anderen Sprachen** mit Betonung auf dem ersten Teil: *Home-Office/Homeoffice, Shopping-Center/Shoppingcenter*

Rindfleischetikettierungsüberwachungsaufgabenübertragungsgesetz

Buchstabenbandwürmer sorgen immer wieder für Erheiterung – so auch dieser Name eines 1999 im Schweriner Landtag eingebrachten Gesetzes. Es wurde übrigens inzwischen wieder aufgehoben.

Solche Wortungetüme zeigen sofort die Aufgaben des Bindestrichs: Er soll *Klarheit* schaffen und für bessere *Lesbarkeit* sorgen. Außerdem bietet er die Möglichkeit, nach eigenem Ermessen Wortbestandteile zu *betonen*. Darüber hinaus dient er als *Ergänzungsstrich*, wenn gleiche Wortbestandteile nicht wiederholt werden sollen.

Der Bindestrich wird übrigens zum *Trennstrich*, wenn er ans Ende einer Zeile gerät.

Hier muss ein Bindestrich gesetzt werden

Aus dem vorherigen Kapitel wissen Sie bereits, dass zusammengesetzte Nomen im Allgemeinen auch zusammengeschrieben werden. In den folgenden Fällen müssen Sie jedoch Bindestriche setzen.

Ein Bindestrich **muss** gesetzt werden bei Zusammensetzungen mit	
• **Einzelbuchstaben**	das Dehnungs-h, das **i**-Tüpfelchen, das **T**-Shirt, **x**-beliebig
• **Abkürzungen**	das Kfz-Kennzeichen, die Konto-Nr., **Dipl.-Ing., röm.-kath.**
• **Kurzwörtern** aus den Anfangsbuchstaben mehrerer Wörter	die Doppel-CD, die **dpa**-Meldung, EDV-gestützt, das **UNO**-Mandat
• **Formeln**	CO_2-haltig, der H_2O-Anteil, der **Na**-Gehalt
• **Ziffern**	der/die 10-Jährige, 100-prozentig, der 3:0-Sieg, der ¾-Takt

Wenn Sie im Alltag über einige Dinge soundso viele Male diskutieren müssen, kommen Ihnen möglicherweise einige der nächsten Beispiele in den Sinn:

Vor **Nachsilben** wird nur dann ein Bindestrich gesetzt, wenn davor ein **Einzelbuchstabe** steht.	die **x**-te Ermahnung, zum **x**-ten Mal, die **n**-te Potenz, die **n**-te Wurzel, **aber: 100%**ig, der **68**er, der **EKD**ler

Und weil wir gerade so schön mit Wortbestandteilen basteln, gehen wir gleich noch einen Schritt weiter.

Werden an **Ziffern + Nachsilben** weitere Wörter angefügt, setzt man hinter der Nachsilbe einen **Bindestrich**.	die **10er**-Karte, der **10tel**-Millimeter, die **100stel**-Sekunde
Wenn Sie solche Zusammensetzungen lieber ausschreiben, werden übrigens keine Bindestriche gesetzt.	die Sechziger**j**ahre, die Zehner**k**arte, der Zehntelmillimeter, die Hundertstelsekunde

Nachdem wir uns bis jetzt bei der Länge der ersten Bestandteile eher kurzgefasst haben, werden wir im folgenden Abschnitt unserer Rechtschreibreise wagemutiger und betreten das Gebiet der Aneinanderreihungen.

Man setzt **Bindestriche** zwischen allen Teilen von **Zusammensetzungen**, die **als Nomen** gebraucht werden.	das Als-ob, das Entweder-oder, das Sowohl-als-auch, das Teils-teils
• Dies gilt insbesondere, wenn das letzte Wort ein **Infinitiv** ist und die Zusammensetzung **mehr als zwei Bestandteile** hat.	das An-beiden-Händen-abzählen-**Können**, zum Auf-und-davon-**Laufen**, das Gegen-den-Strom-**Schwimmen**, das Auf-Händen-getragen-**Werden**
• **Übersichtliche Infinitive** werden allerdings **zusammengeschrieben**.	das Autofahren, das Inkrafttreten, das Kaffeekochen, das Zeitunglesen

Dieselbe Gesetzmäßigkeit liegt auch der folgenden Regelung zugrunde:

Wird eine **Gruppe aus mehreren Wörtern** mit einem weiteren Wort zusammengesetzt, müssen **alle Wörter** durch **Bindestriche** verbunden werden.	das **Katz-und-Maus**-Spiel, der **Rote-Bete**-Salat, die **Schritt-für-Schritt**-Anleitung, das **Vater-und-Sohn**-Gespräch
Wird eine **bereits mit Bindestrichen gekoppelte Zusammensetzung** mit einem weiteren Wort verbunden, muss ein **Bindestrich** gesetzt werden.	die **A-Dur**-Tonleiter, das Augen-**Make-up**, **Make-up**-verschmiert, **UV-Strahlen**-belastet
• Dies gilt auch, wenn **Buchstaben, Abkürzungen oder Ziffern** Teile der Wortgruppe sind.	der **400-m**-Lauf, die **½-Liter**-Flasche, ein **2-Euro**-Stück, **Vitamin-B**-haltig
• Manchmal werden **Kombinationen mit Ziffern** als Einheit empfunden und deshalb nicht abgetrennt.	das DIN-**A4**-Blatt, die **G8**-Staaten/**G-8**-Staaten, das **H5N1**-Virus, das **MP3**-Format

Der nächste Schritt bringt Übersichtlichkeit in gleichrangige Adjektive:

In **unübersichtlichen** Zusammensetzungen aus **gleichrangigen Adjektiven** werden **Bindestriche** gesetzt.	die **chemisch-physikalische** Reaktion, der **mathematisch-technische** Assistent, der **öffentlich-rechtliche** Rundfunk

Auf der folgenden Etappe unserer Tour dürfen Sie wieder (geografische) Grenzen überschreiten, aber es wird wie immer nicht grenzwertig …

Aus dem **Englischen** stammende Verbindungen aus **Verb + Adverb** schreibt man mit **Bindestrich.**	der Check-up, das Cool-down, der Pick-up, das Pop-up
Hier ist auch die Zusammenschreibung erlaubt, wenn die Verbindung gut lesbar bleibt.	Come-back/Comeback, Count-down/Countdown, Stand-by/Standby

Nun kommen wir zu den Zusammensetzungen mit Eigennamen:

In Zusammensetzungen mit **Eigennamen** muss zwischen allen Teilen ein **Bindestrich** gesetzt werden.	der **Alfred-Brehm**-Platz, Blumen-**Müller**, das **Heinrich-von-Gagern**-Gymnasium, die **Yoko-Ono**-Ausstellung

Ein besonderer Fall ist der Ergänzungsstrich:

Ein gemeinsamer Bestandteil in mehreren Wörtern kann durch den **Ergänzungsstrich** ersetzt werden. Er ist sinngemäß zu ergänzen.	die Autobahnauf- und -ausfahrten, der Turn- und Sportverein, die Schultaschen und -rucksäcke, Unterrichtsbeginn und -ende

Hier kann ein Bindestrich gesetzt werden

Auch dieser Teil unserer Reise führt Sie in orthografisches Schlaraffenland, in dem Sie die Schreibweise wählen dürfen. Auf geht's, hinein ins Vergnügen!

In Verbindungen mit dem Wort *Jahr* kann der Bindestrich hinter der Nachsilbe *-er* entfallen.	die 60er Jahre/die 60er-Jahre, in den 60er Jahren/in den 60er-Jahren

Verbindungen mit *-fach* dürfen auch mit Bindestrich geschrieben werden.	Die Liste ist **4-fach/4fach** zu erstellen. Doppelt so viel ist **das 2-Fache/2fache**.

In folgenden Fällen **darf** ein Bindestrich gesetzt werden:	
• zur **Vermeidung von Missverständnissen**	**Druckerzeugnis:** das Druck-**Erzeugnis** oder das Drucker-**Zeugnis**, **Musikerleben:** das Musik-**Erleben** oder das Musiker-**Leben**

• zur **Gliederung unübersichtlicher Zusammensetzungen**	der Autobahn-Anschluss/ Autobahnanschluss, die Ultraschall-Zahnbürste/ Ultraschallzahnbürste
Bindestriche stehen nur an „Haupt-Nahtstellen" der Wörter.	**nicht:** *Auto-Bahnanschluss, *Ultra-Schallzahnbürste
Dies gilt auch für **Eigennamen.**	die Mozart-Stadt/Mozartstadt, der Krim-Sekt/Krimsekt
• beim **Zusammentreffen von drei gleichen Buchstaben**	die Jackett-Tasche/Jacketttasche, der Kompott-Teller/Kompottteller, das Schritt-Tempo/Schritttempo, der See-Elefant/Seeelefant

Last, but not least haben wir noch eine Regel zu Wörtern aus anderen Sprachen parat:

In **fremdsprachlichen** Zusammensetzungen aus **Nomen** dürfen Bindestriche gesetzt werden, wenn sie auf dem ersten Bestandteil betont werden.	das Home-Office/Homeoffice, die Comedy-Show/Comedyshow, das Shopping-Center/Shoppingcenter

Die Laut-Buchstaben-Zuordnungen

Vokale, Diphthonge, Umlaute – wie war das doch gleich? *Nach l, m, n, r, das merke ja, steht nie tz und nie ck!* An diesen Merkspruch können Sie sich noch gut erinnern? Sie haben ihn vielleicht auch im Deutschbuch Ihres Kindes gefunden? Prima! Stört Sie an *Fussball-WM* auch die falsche Schreibweise von *Fußball* und nicht die Platzierung der deutschen Nationalmannschaft? Wann schreibt man also *ss* und wann *ß*? Um diese und andere Themen aus dem Bereich der Laute und Buchstaben geht es in diesem Kapitel.

Die Laut-Buchstaben-Zuordnungen

Die Basis von allem:

- Vokale und Umlaute: *a, e, i, o, u; ä, ö, ü;* Diphthonge: *au, eu, ei, ai, äu;*
  Konsonanten: *b, d, f, g, h …*

Der rote Faden:

- Das Stammprinzip: Verwandte Wörter werden gleich geschrieben: *Seele – seelisch, wählen – Wahl*
- Drei gleiche Buchstaben bleiben nebeneinander erhalten: *Jacketttasche, Seeelefant*

Die Schreibung der Umlaute:

- Umlaute bei verwandten Formen mit *a* oder *au*: *Bändel, Sträuße*

Die Schärfung (Wiedergabe der kurzen Vokale):

- Doppelte Konsonanten im Wortstamm nach betontem, kurzem Vokal, wenn kein anderer Konsonant folgt: *Mann, Löffel*
- *tz* statt *zz* und *ck* statt *kk*: *Matratze, lecker*

Die Dehnung (Wiedergabe der langen Vokale):

- Manchmal werden Vokale verdoppelt: *Haar, Meer, Boot*
- Manchmal steht vor *l, m, n, r* ein Dehnungs-h: *Wahl, nehmen, Sohn, Uhr*
- Häufig schreibt man *ie* für das lange *i*: *fliegen, zierlich*

Die s-Laute:

- *s* für den weichen, stimmhaften s-Laut und immer am Wortanfang: *Dose, super*
- *ss* im Wortstamm nach kurzem, betontem Vokal, wenn kein anderer Konsonant folgt: *blass, Wissen,* aber: *ausmisten, rosten*
- *ß* nach langem Vokal und Diphthong: *Fuß, Spaß, Größe, außen*

das oder *dass*?

- *das* als Artikel oder Demonstrativ- bzw. Relativpronomen kann durch *dies[es]* oder *welches* ersetzt werden: *das Kind. Hast du das wirklich so gemeint? Das Kind, das wir getroffen haben, …*
- *dass* als Konjunktion: *Ich denke, dass du recht hast.*

Albert Einstein ist ohne Uhr

In diesem Kapitel befassen wir uns mit den *Lauten* und *Lautverbindungen* der gesprochenen Sprache und den *Buchstaben* bzw. *Buchstabenfolgen,* mit denen sie geschrieben werden. Eine Besonderheit des Deutschen sind die Umlaute *ä, ö* und *ü.* Erstaunlicherweise gibt es für diese nicht einmal ein lateinisches Fachwort!

Die Basis von allem: Vokale, Diphthonge und Konsonanten

Laute, die für sich selbst klingen, werden als **Vokale** bezeichnet.	a, e, i, o, u (einfache Vokale), ä, ö, ü (Umlaute), au, eu, ei, ai, äu (Diphthonge)
• Einfache Vokale und Umlaute können **lang** oder **kurz** sein.	Bahn – Damm, wer – wenn, Tiger – Insel, wo – Wonne, du – Zunge, Bär – ändern, Öse – löschen, Lüge – Büsche
• Diphthonge sind immer **lang.**	Maus, Leute, leise, Kaiser, Knäuel
• Es gibt nur verhältnismäßig wenige Wörter, die mit *ai* geschrieben werden.	Hai, Hain, Kai, Kaiser, Mai, Maid, Laib, Laich, Laie, Rain, Saibling, Saite, Taifun, Waise
Die übrigen Laute sind **Konsonanten.** Sie klingen nur mithilfe eines Vokals.	b, d, f, g, h …

Der rote Faden: das Stammprinzip

Das *Stammprinzip* – die *Worttreue* – ist ein wichtiger Grundsatz in unserer Sprache. Er besagt, dass man verwandte Wörter, die zu demselben Wortstamm gehören, gleich schreibt.

Stammprinzip: Wörter, die einen gemeinsamen **Wortstamm** haben, werden **gleich geschrieben.**	behaart (von Haar), dehnbar (von dehnen), häuslich (von Haus)
Auch zu dieser Regel gibt es **Ausnahmen.**	Eltern (trotz alt), schwenken (trotz schwanken)

Wenn **drei gleiche Buchstaben** aufeinandertreffen, bleiben alle drei erhalten.	die Jacketttasche, der Kompottteller, das Schritttempo, der Seeelefant

Das Stammprinzip wird Ihnen in diesem Kapitel immer wieder begegnen, zum ersten Mal bereits im folgenden Abschnitt unserer Rechtschreibreise bei den Umlauten.

Die Schreibung der Umlaute

Wenn es **verwandte Formen mit** *a* bzw. *au* gibt, schreibt man die **Umlaute** *ä* statt *e* bzw. *äu* statt *eu*.	Bändel (von Band), behände (von Hand), Kälte (von kalt), Häuser (von Haus), Sträuße (von Strauß)

Manchmal können Sie ein Wort von verschiedenen Grundwörtern herleiten:

Wenn das Stammprinzip **nicht** zu eindeutigen Ergebnissen führt, sind **Doppelschreibungen** zulässig.	aufwändig (von Aufwand)/ aufwendig (von aufwenden), Schänke (von Ausschank)/ Schenke (von ausschenken)

Die Schärfung (Wiedergabe der kurzen Vokale)

Kurze Vokale kann man nicht nur hören, sie werden auch grafisch dargestellt:

Nach einem **betonten, kurzen Vokal** wird der **Konsonant** im Wortstamm **verdoppelt**, wenn ihm kein anderer Konsonant folgt.	Mann, rennen, gewinnen, Sonne, Hummel, belämmert, Löffel, kümmern, **aber:** Kasten, ausmisten, Kind, bunt
In einheimischen Wörtern werden *z* und *k* folgendermaßen verdoppelt:	
• *tz* anstelle von *zz*	Fetzen, hetzen, Katze, Matratze

• *ck* anstelle von *kk*	Bäcker, lecker, geschickt, verrückt
• *tz* und *ck* stehen übrigens nie nach *l, m, n, r* und auch nie nach einem Diphthong.	pelzig, ranzig, kürzlich, welken, Imker, danken, Zirkel, heizen, Schnauze, pauken, streiken

Natürlich gibt es auch zu dieser Regel Ausnahmen. Hier kommen sie im Doppelpack:

Einige einsilbige Wörter werden mit nur einem Konsonanten geschrieben, obwohl der Vokal kurz und betont ist.	ab, an, bin, bis, Bus, des, dran, drin, hat, in, man, mit, ob, plus, um, was
Die **Pluralformen** der Endsilben *-in* und *-nis* werden mit Doppel-n bzw. Doppel-s geschrieben, obwohl das kurze *i* nicht betont ist.	Freundin/Freundinnen, Lehrerin/Lehrerinnen, Ergebnis/Ergebnisse, Zeugnis/Zeugnisse

Und weiter geht's zu den langen Vokalen!

Die Dehnung (Wiedergabe der langen Vokale)

Der Vater hebt sein kleines Mädchen hoch. Wenn Sie diesen Satz lesen, werden Sie die Schwierigkeit sofort erkennen: Die Schreibweise von langen Vokalen ist nicht so klar geregelt wie die der kurzen, da sie in der Regel nicht besonders gekennzeichnet sind.

In einigen Wörtern wird der **lange Vokal** durch *aa, ee* oder *oo* gekennzeichnet.	Aal, Haar, Paar, Saat, Staat, Beet, leer, Meer, Seele, Tee, Boot, doof, Koog, Moor, Moos
Umlaute werden **nicht verdoppelt**, auch wenn der Wortstamm *aa* oder *oo* enthält.	Härchen (trotz Haar), Pärchen (trotz Paar), Bötchen (trotz Boot)

In vielen Wörtern wird ein **langer, betonter Vokal** vor den Konsonanten *l, m, n* oder *r* durch ein **Dehnungs-h** gekennzeichnet.	befehlen, prahlen, Strahl, Wahl, lähmen, nehmen, Rahmen, rühmen, Belohnung, Dehnung, Sohn, Wohnung, Abwehr, Bohrer, lehren, Uhr
Aber: In Wörtern, die mit *qu, sch, sp* oder *t* beginnen, steht kein **Dehnungs-h**.	Qual, quer, Schal, Schule, Spur, sparen, Tafel, toben

Der lang gesprochene Vokal *i* hingegen wird bis auf einige Ausnahmen immer grafisch dargestellt. Hier gilt:

Häufig wird der **lange Vokal *i*** durch *ie* gekennzeichnet.	biegen, Biene, dies, fliegen, Frieden, Gier, Liebe, Sieg, Spiel, Tier, zierlich
In einigen einheimischen Wörtern und in Fremdwörtern wird das **lange *i* nicht kenntlich gemacht**.	Biber, dir, Fibel, gib, Igel, Liter, Maschine, mir, Primel, Tiger, Turbine, wir
In **Fremdwörtern** schreibt man jedoch die betonten Nachsilben *-ie, -ier* und *-ieren* mit *ie*.	Amnestie, Garantie, Industrie, Klavier, Revier, Turnier, diktieren, produzieren, reklamieren

Müssen Sie auch immer wieder ein Wörterbuch zurate ziehen, wenn Sie Wörter wie *knien* oder *geschrien* schreiben wollen? Dann machen wir hier einen Abstecher:

Folgen auf *-ie* oder *-ee* die Nachsilben *-e, -en, -er, -es* oder *-ell*, entfällt ein *e*.	das Knie → die Knie, knien, er schrie → sie schrien, die Idee → die Ideen, ideell, der See → die Schlierseer, des Sees

Zum Schluss dieses Abschnitts treffen Sie auf wahre Exoten:

In Einzelfällen wird **der lange Vokal** *i* durch *ih* oder *ieh* kenntlich gemacht.	ihm, ihn, ihnen, ihr, fliehen, Vieh, wiehern, ziehen

Weil sich die Schreibung des Grundworts im Allgemeinen nach dem Stammprinzip auf abgeleitete und verwandte Formen überträgt, können Sie die korrekte Schreibweise eines Wortes ganz einfach ableiten: *Seele – seelisch, wählen – Wahl.*

Die Schreibung der s-Laute

Für den gesprochenen Laut *s* stehen drei Schreibweisen zur Verfügung: *s, ss* und *ß*.

Der **stimmhafte, weiche** s-Laut wird immer als *s* geschrieben.	Dose, lesen, Nase, Reise, Weise
Am **Wortanfang** steht nur *s* oder *S*.	sein, Sieg, Suppe, super

Hier erfahren Sie, wann für den *stimmlosen, scharfen Laut ss* oder *ß* geschrieben wird.

Nach **kurzem, betontem Vokal** steht im Wortstamm *ss*, wenn kein anderer Konsonant folgt.	Abriss, blass, Drossel, essen, Flosse, Fossil, Fussel, Klasse, Kissen, Messe, muss, Schluss, Tasse, Wissen, Erstklässler (wegen Klass[e]), hässlich (wegen Hass), küssen, müssen, Rösser, Schlösser, **aber:** ausmisten, rosten
Man schreibt nach einem **langen Vokal** den stimmlosen, scharfen s-Laut als *ß*, wenn im Wortstamm kein anderer Konsonant folgt.	Fuß, Maßnahme, Spaß, Straße, Vielfraß, Gefäß, gemäß, mäßig, anstößig, Blöße, Größe, Füße, Grüße, Süße
Dies gilt natürlich auch für die **Diphthonge** und für *ie*.	außen, scheußlich, beißen, Sträuße, gießen, schließlich, Spieß, verdrießlich

Wechselt innerhalb eines Wortstamms durch Deklination, Konjugation oder in Ableitungen die **Länge des Vokals** von kurz auf lang, so wechselt auch die Schreibweise von *ss* auf *ß* und umkehrt.	beißen – er biss – gebissen, genießen – er genoss – Genuss, reißen – sie rissen – Abriss, schließen – wir schlossen – schließlich, wissen – ich weiß – gewusst

Folgt auf *s*, *ss*, *ß*, *x* oder *z* eines Verbstamms in der **zweiten Person Singular** die **Endung** *-st*, entfällt das *s* der Endung.	du niest (niesen), du beeinflusst (beeinflussen), du beschließt (beschließen), du mixt (mixen), du sitzt (sitzen)

das oder *dass*?

Darf das das? – Dass das das darf! Sätze wie diese sind kein bisschen abenteuerlich und werden Ihnen am Ende dieser nächsten Etappe unseres Rechtschreibabenteuers keinerlei Sorge bereiten.

Man schreibt *das* mit *s*	
• als **Artikel**	**das** Deutschbuch, **das** Kind, **das** Rechtschreibabenteuer
• als **Demonstrativpronomen**	**Das** beschäftigt mich seit Langem. Hast du **das** wirklich so gemeint?
• als **Relativpronomen**	Geht das Kind, **das** wir getroffen haben, in deine Klasse?
das kann hier durch *dies[es]* oder *welches* ersetzt werden.	**dieses** Deutschbuch, **dieses** Kind, **dieses** Rechtschreibabenteuer **Dies** beschäftigt mich seit Langem. Hast du **dies** wirklich so gemeint? Geht das Kind, **welches** wir getroffen haben, in deine Klasse?

Die **Konjunktion** *dass* schreibt man mit *ss*.	Ich denke, **dass** du recht hast. Du sagst, **dass** das wichtig für dich ist.
dass kann **nicht** durch *dies[es]* oder *welches* ersetzt werden.	**nicht**: *Ich denke, dies/dieses/welches du recht hast.
Mit *dass* wird häufig **etwas Gesagtes, Gedachtes**, **Gefühltes** oder eine **Wahrnehmung** ausgedrückt.	Du **kündigst an**, **dass** du mich besuchst. Ich **ahne**, **dass** das nicht stimmt. Ich **bedauere**, **dass** du keine Zeit hast. Du **siehst**, **dass** ich traurig bin.

Die Schreibung des ks-Lautes

Fuchst es Sie manchmal, wenn Sie nachschlagen müssen, wie das, was sich wie *ks* anhört, letztendlich geschrieben wird? Kommt Ihnen das jedes Mal wie *verhext* vor? Vielleicht können Sie diese Schwierigkeit künftig *austricksen!*

Der ks-Laut wird am **Wortanfang** immer als *x/X* geschrieben. Sonst gibt es folgende Möglichkeiten:	Xanten, Xanthippe, Xylophon
• *x*	Box, Flex, Jux, mixen, orthodox
• *chs*	Dachs, Echse, Fuchs, Lachs, wachsen
• *ks*	Keks, Koks, links, schlaksig
• *cks*	Klecks, Knacks, hinterrücks, zwecks

Bei **Verben** ergibt sich die Schreibung aus dem Infinitiv.	du mixt (mixen), du wächst (wachsen), du schwankst (schwanken), du trickst (tricksen), du biegst (biegen)

Nach dem **Stammprinzip** können Sie die richtige Schreibweise in vielen Fällen von der Grundform ableiten.	allerdings (von Ding), unterwegs (von Weg), tagsüber (von Tag)

Doppelschreibungen bei Fremdwörtern

In Wörtern aus anderen Sprachen stehen die Schreibweise in der Herkunftssprache und die integrierte Schreibung oft nebeneinander. So dürfen Sie zum Beispiel sowohl *Fantasie* als auch *Phantasie* verwenden. Die meisten Fremdwörter werden jedoch ausschließlich in ihrer ursprünglichen Form geschrieben, etwa *Philosophie*.

In **Fremdwörtern** sind die folgenden Doppelschreibungen zulässig:	
• *ai/ä*	Mayonnaise/Majonäse, Portemonnaie/Portmonee
• *é/ee*	Exposé/Exposee, Varieté/Varietee
• *ou/u*	Coupon/Kupon, Nougat/Nugat
• *ph/f* in den Silben *graph*, *phon* und *photo*	Graphik/Grafik, Megaphon/Megafon, Photovoltaik/Fotovoltaik
• *ph* in *Delphin*	Delphin/Delfin
• *gh/g*	Joghurt/Jogurt, Spaghetti/Spagetti
• *c/k, qu/k, c/z*	Code/Kode, Bouquet/Bukett, circa/zirka
• *th/t*	Panther/Panter, Thunfisch/Tunfisch
• *t/z* vor *i* + Vokal, wenn es ein Grundwort mit *z* gibt	Potential/Potenzial (Potenz), substantiell/substanziell (Substanz)
Englische Wörter, die auf *-y* enden, werden im Plural mit *-ys* geschrieben.	Baby – Babys, Hobby – Hobbys, Party – Partys, Pony – Ponys

Was sich gleich anhört, aber unterschiedliche Bedeutungen hat

Diese Wortpaare klingen jeweils gleich, haben aber eine unterschiedliche Bedeutung:

• *aa – a, ee – e*	mit der **Waa**ge wiegen – den **Wa**gen fahren, die R**ee**de für Schiffe – die R**e**de des Schulleiters
• *ä – e*	die **Ä**sche schwimmt – die **E**sche grünt, die L**ä**rche blüht – die L**e**rche singt
• *ai – ei*	der L**ai**b Brot – der L**ei**b des Menschen, der L**ai**ch des Froschs – die L**ei**che im Krimi
• *i – ie*	das L**i**d am Auge – das gesungene L**ie**d, die M**i**ne im Stift – seine M**ie**ne spricht Bände, w**i**der besseren Wissens – w**ie**der zurück-kommen
• *a – ah, e – eh, ee – eh, oo – oh*	Bilder m**a**len – Korn m**ah**len, es w**a**r schön – es ist w**ah**r, denen man nicht verg**e**bt – Sehnen d**eh**nen, Taschen l**ee**ren – Deutsch l**eh**ren, Tiere des M**oo**rs – der M**oh**r im Märchen
• *d – t*	ihr sei**d** toll – ich warte sei**t** vielen Tagen
• *end- – ent-*	**end**gültig (von Ende) – etwas **ent**behren
• *tod- – tot-*	**tod**krank (von Tod, in Adjektiven) – sich **tot**lachen (von tot, in Verben)

Die Worttrennung
am Zeilenende

Sie kennen das „Am-Ende-der-Zeile-ist-noch-so-viel-Wort-übrig-Gefühl"? Und entscheiden Sie dann am liebsten spontan, welche der folgenden Trennungen richtig ist: *In-stru-ment* – *Ins-tru-ment* – *Inst-ru-ment*? Oder verlassen Sie sich in solchen Fällen blind auf die Fähigkeiten Ihres Textverarbeitungsprogramms? Lassen Sie sich kein X für ein U vormachen, sondern lernen Sie in diesem Kapitel, wie man die Wörter am Zeilenende korrekt trennt!

Die Worttrennung am Zeilenende

Die Basics:

- **Mehrsilbige Wörter** nach **Sprechsilben** trennen: *El-tern, Ge-schwis-ter, Ka-nin-chen, Vo-ka-beln*
- **Einzelne Vokale am Wortanfang oder -ende nicht** abtrennen: *Abend, Oa-se, Haie, Reue,* **nicht:** **A-bend, *O-ase, *Hai-e, *Reu-e*

Zusammengesetzte Wörter und Wörter mit Vorsilben:

- **Wortzusammensetzungen** an den **Nahtstellen** trennen: *Vokabel-karten-kasten, Cheese-burger, Physio-therapeut; be-denken, Un-sinn, syn-chron*
- **Ursprüngliche Zusammensetzungen** alternativ wie mehrsilbige einfache Wörter trennen: *dar-über/da-rüber, war-um/wa-rum*
- **Lesbarkeit und Sinn** beachten, **nicht:** **bein-halten, *Frust-ration*

Mehrsilbige einfache Wörter und Wörter mit Nachsilben:

- *ch, ck, ph, rh, sch, sh* und *th* als gemeinsamen Laut nur gemeinsam abtrennen: *ma-chen, ba-cken, As-phalt, Myr-rhe, wa-schen, Ma-the*
- **Diphthonge und Vokalpaare** nur gemeinsam abtrennen: *Kai-ser, Lau-te, Knäu-el, Gei-er, teu-er, Boi-ler, Au-to, Eu-ropa, aa-len, See-le, Boo-te*
- Zwischen **Vokalen verschiedener Silben** trennen: *Betreu-ung, Famili-en*
- Ein **Konsonant zwischen zwei Vokalen** kommt in die neue Zeile: *Bre-zen, Hei-zung, Mei-nung, Schu-he*
- Von **mehreren Konsonanten zwischen zwei Vokalen** kommt der letzte in die neue Zeile: *Ach-tung, Ergeb-nis, knusp-rig, wol-len, Kis-te, Leis-tung*
- In **Fremdwörtern:** Konsonant + *l, n, r* vor *l, n, r* trennen oder in die neue Zeile setzen: *Mag-net/Ma-gnet, Zyk-lus/Zy-klus*
- **Wortzusammensetzungen** nach den Bestandteilen der Herkunftssprache oder wie einheimische Wörter trennen: *Hekt-ar/Hek-tar, Päd-agogik/Pä-dagogik*

Dieser Teil unserer Rechtschreibreise ist für Sie selbst sehr entspannt, da Sie im Alltag Trennungen am Zeilenende notfalls umgehen können. Da Sie jedoch mit Ihrem Kind in einem Boot sitzen, müssen Sie ihm helfen, auch hier nicht unterzugehen. Aber wir können Sie beruhigen, hier gibt es weder gefährliche Wirbel noch Gegenwind …

Mit an Bord ist auch ein alter Bekannter: Gerät ein vorhandener Bindestrich nämlich ans Ende einer Zeile, wird er bekanntlich zum Trennstrich. Also: Boot ahoi und volle Kraft voraus!

Die Basics zuerst

Wenn Sie ein Wort langsam aussprechen, können Sie es in Sprechsilben zerlegen: *Ge-schwis-ter-kind.* Es wird Sie nicht weiter verwundern, dass nur mehrsilbige Wörter getrennt werden können. *Kind* bleibt eben *Kind,* auch am Zeilenende. Damit ist Ihnen ist bereits die erste Regel ins Netz gegangen:

Mehrsilbige Wörter werden nach **Sprechsilben** getrennt.	El-tern, Ge-schwis-ter, Ka-nin-chen, Vo-ka-beln

Aber Sie ahnen es bestimmt schon: Keine Regel ohne Ausnahme!

Einzelne Vokale am Anfang oder Ende eines Wortes werden **nicht** abgetrennt.	Abend, **nicht:** *A-bend, Oa-se, **nicht:** *O-ase, Haie, **nicht:** *Hai-e, Reue, **nicht:** *Reu-e

Was passiert, wenn die *Vokabeln* auf *Karten* in einen *Kasten* kommen? Richtig: Sie haben es dann mit einem *Vo-ka-bel-kar-ten-kas-ten* zu tun. Lassen Sie uns also die Zusammensetzungen aus nächster Nähe betrachten.

Zusammengesetzte Wörter und Wörter mit Vorsilben

Auf dieser Ebene müssen wir nicht auf die Herkunft der Wörter achten: Einheimische und solche aus anderen Sprachen werden in gleicher Weise behandelt.

Zusammengesetzte Wörter werden an den Nahtstellen getrennt. Die einzelnen Teile werden dann wie einfache Wörter behandelt.	El-tern-haus, Ge-schwis-ter-kind-ra-batt, Ka-nin-chen-fut-ter, Vo-ka-bel-kar-ten-kas-ten
Dasselbe gilt für Wörter mit **Vorsilben**.	**be**-den-ken, **ent**-beh-ren, **Er**-leb-nis, **Ge**-re-de, **Un**-sinn, **Ver**-dacht, **zer**-le-gen
Auch **zusammengesetzte Fremdwörter** und solche mit **Vorsilben** werden an den Nahtstellen getrennt.	Cheese-burger, Niveau-differenz, Physio-therapeut, **Kom**-plement, **re**-vidieren, **syn**-chron
Auch bei Zusammensetzungen dürfen von den einzelnen Bestandteilen **keine** Einzelbuchstaben abgetrennt werden.	Juli-abend, **nicht**: *Julia-bend, Hoch-ebene, **nicht**: *Hoche-bene, Ur-oma, **nicht**: *Uro-ma

Manche Wörter machen es uns nicht leicht, sie auf Anhieb als ursprüngliche Zusammensetzungen zu entlarven.

Wenn **Zusammensetzungen nicht mehr erkennbar** sind oder **nicht mehr** als solche **empfunden werden**, dürfen sie wie mehrsilbige einfache Wörter getrennt werden. Natürlich ist auch die Trennung an den ursprünglichen Nahtstellen zulässig.	dar-über/da-rüber, dar-um/da-rum, her-ab/he-rab, her-an/he-ran, her-über/he-rüber, hin-auf/hi-nauf, war-um/wa-rum

An dieser Stelle müssen wir noch darauf hinweisen, dass auch bei der Worttrennung nicht alles, was nach den Regeln grundsätzlich erlaubt ist, wirklich in die Tat umgesetzt werden sollte. Auch wenn Ihr Kind die folgenden Beispiele wahrscheinlich äußerst lustig findet: Bitte nicht nachmachen!

Die Trennung von Wörtern soll immer so erfolgen, dass die **Lesbarkeit** nicht erschwert und der **Sinn** nicht entstellt wird.	be-inhalten, **nicht**: *bein-halten, Frus-tration, **nicht**: *Frust-ration, Musik-erziehung, **nicht**: *Musiker-zie-hung, Rein-erhaltung, **nicht**: *Reiner-haltung, Ur-instinkt, **nicht**: *Urin-stinkt

Mit diesen wenigen Grundsätzen kommen Sie und Ihr Kind schon ziemlich weit. Jetzt wird das Ganze noch ein wenig verfeinert. Erfahren Sie im nächsten Abschnitt, nach welchen Gesetzmäßigkeiten mehrsilbige einfache Wörter zu trennen sind.

Mehrsilbige einfache Wörter und Wörter mit Nachsilben

In diesem Abschnitt betrachten wir zunächst wieder Wörter aller Sprachen. Als Abschluss erwarten Sie dann zwei Spezialfälle, die Sie nur auf Fremdwörter anwenden dürfen. Die folgenden Bestimmungen sind sehr einleuchtend: Was wie ein einziger Laut klingt, wird (fast) wie ein einziger Buchstabe behandelt:

Wenn die **Buchstabenfolgen** *ch, ck, ph, rh, sch, sh* und *th* gemeinsam **einen** Laut bilden, kommen sie zusammen in die neue Zeile.	ma-**ch**en, ba-**ck**en, As-**ph**alt, Myr-**rh**e, wa-**sch**en, fla-**sh**en, Ma-**th**e, Bu-**ch**ung, De-**ck**ung, For-**sch**ung, **aber**: Gläs-**ch**en, Häus-**ch**en, Mäus-**ch**en
Auch die **Diphthonge** *ai, au, äu, ei, eu* und *oi* werden nur gemeinsam abgetrennt.	**Kai**-ser, **Lau**-te, Knäu-el, **Gei**-er, teu-er, **Boi**-ler, **Ai**-kido, **Au**-to, **Äu**-ßerung, **Ei**-mer, **Eu**-ropa
ie wird nicht getrennt, wenn es als langes *i* gesprochen wird.	Mie-te, schie-len, spie-len, Tie-re, **aber**: Abituri-ent, bakteri-ell, effizi-ent
Doppelvokale werden ebenfalls nur gemeinsam abgetrennt.	aa-len, See-le, Boo-te

Sie haben erkannt, warum gerade das Wörtchen *fast* als Einschränkung nötig war? Richtig: Einzelne Vokale dürfen bekanntlich am Wortanfang oder -ende nicht abgetrennt werden. Wenn sie sich allerdings als Diphthonge und Doppelvokale zusammentun, spricht nichts dagegen. Zusammen ist man eben weniger allein …

Die nun folgenden Regeln sind fast wie eine Checkliste. Folgen Sie vertrauensvoll dem vorgegebenen Pfad:

Zwischen **zwei Vokalen**, die zu **verschiedenen Silben** gehören, darf getrennt werden.	Befrei-ung, Betreu-ung, Famili-en, Line-al, Milli-on, Prophezei-ung, Trau-ung, Ru-in

Steht ein **einzelner Konsonant** zwischen zwei Vokalen, kommt er in die neue Zeile.	Bre-zen, Hei-zung, Kra-gen, Lei-tung, Mei-nung, Mü-he, Schu-he
• Auch *ß* macht hier **keine** Ausnahme.	Absto-ßung, bei-ßen, flei-ßig, sto-ßen, Stra-ße
Stehen **mehrere Konsonanten** zwischen zwei Vokalen, kommt nur der letzte in die neue Zeile.	Ach-tung, Ergeb-nis, knusp-rig, Kom-ma, müs-sen, Müt-ze, Ord-ner, woh-lig, wol-len, Zet-tel
• Dies gilt auch für *st*.	Äs-te, Auslas-tung, Kis-te, knis-tern, Leis-tung , lus-tig
• Natürlich wird *st* nicht getrennt, wenn es an einer Nahtstelle zum Ende des ersten oder zum Anfang des zweiten Wortes gehört.	Gast-arbeiter, Obst-anbau, Bart-stoppeln, Buch-stabe, Ehe-streit

Für die meisten Situationen, in denen der Platz am Ende der Zeile nicht mehr ausreicht, sind Sie jetzt bestens gerüstet. Was jetzt noch bleibt, ist ein Streifzug durch die Vorschriften der Trennung von Wörtern, die aus anderen Sprachen stammen.

Und wie schon so oft führen wir Sie auch in diesem Kapitel in orthografisches Schlaraffenland. Die folgenden Bestimmungen lassen Ihnen viel Beinfreiheit:

In **Fremdwörtern** dürfen die Buchstabenfolgen **Konsonant +** *l*, *n* oder *r* wahlweise vor *l*, *n* bzw. *r* getrennt oder in die neue Zeile gesetzt werden.	Feb-ruar/Fe-bruar, Mag-net/Ma-gnet, Mik-roskop/Mi-kroskop, nuk-lear/nu-klear, Sig-net/Si-gnet, Zyk-lus/Zy-klus

Achtung! Diese Regel gilt nur für Fremdwörter.	Ang-ler, **nicht:** *An-gler, geeig-net, **nicht:** *geei-gnet, gest-rig, **nicht:** *ges-trig, knusp-rig, **nicht:** *knus-prig
Dies gilt auch für *ph + l, ph + r* und *th + r*, wenn *ph* und *th* wie ein Laut gesprochen werden.	Pamph-let/Pam-phlet, Neph-ritis/Ne-phritis, Arth-ritis/Ar-thritis

Bei der Trennung dieser Fremdwörter haben Sie ein besonders leichtes Spiel:

Wörter, die in ihrer Herkunftssprache **Zusammensetzungen** sind, dürfen in ihre Bestandteile getrennt werden. Sie dürfen aber auch wie einheimische Wörter behandelt werden.	Hekt-ar/Hek-tar, Heliko-pter/Helikop-ter, Inter-esse/Inte-resse, Lin-oleum/Li-noleum, Päd-agogik/Pä-dagogik

Nachdem Sie Ihr Boot erfolgreich auf Kurs gehalten haben, kommen wir auf das eingangs genannte Beispiel zurück: *Instrument* kann entweder wie ein deutsches Wort getrennt oder als Fremdwort behandelt werden. So entstehen tatsächlich alle drei genannten Möglichkeiten, also *In-stru-ment – Ins-tru-ment – Inst-ru-ment!*

Die Socken

Asko stiehlt Socken aus der Schublade. Er vergräbt sie im Garten am Baum.

Herr Schulz sucht die Sock[en] überall in der Schublade.

Er [s]ucht die ganz schön [...]

Die Zeichensetzung

Sie kennen die Redensart „Ohne *Punkt* und *Komma* reden"? Jemand, der das tut, strapaziert möglicherweise seine Mitmenschen dadurch, dass er unentwegt und ohne Pause spricht. Und Sie denken vielleicht: „Nun mach mal einen *Punkt!*", wenn Sie meinen, dass es genug ist? Damit sind schon die Eigenschaften der Satzzeichen auf den *Punkt* gebracht: Sie strukturieren unsere Sprache und bringen Pausen in unseren Redefluss. Machen wir uns also auf den Weg zu Komma, Punkt und ihren Gefährten!

Hier müssen Sie Kommas setzen:

- zwischen gleichrangigen Wörtern, Wortgruppen, Haupt- und Nebensätzen, wenn sie nicht durch *und, oder, bzw., sowie, wie, entweder … oder, nicht … noch, sowohl … als (auch), sowohl … wie (auch)* oder *weder … noch* verbunden sind: *Wir haben heute Mathe, Deutsch und Englisch. Die anwesenden Eltern, Großeltern bzw. Lehrer jubelten laut.*
- wenn Haupt- und Nebensatz aufeinandertreffen, insbesondere
  - bei Relativsätzen: *Ich schaue auf den Zettel, den du mir zeigst.*
  - vor einleitenden Wortgruppen, die eine Konjunktion ergänzen: *Er begann sein Training, einige Wochen bevor der Wettkampf begann.*
- in Vergleichen, wenn ein Nebensatz folgt: *Das dauert länger, als ich dachte. Du bist so krank, wie ich befürchtet habe.*
- zwischen Nebensätzen und abhängigen Nebensätzen: *Du sagst, dass der Test, der heute geschrieben wurde, sehr einfach war.*
- bei Infinitivgruppen, die
  - mit *um, ohne, statt, anstatt, außer, als* eingeleitet werden: *Du machst mit, um etwas zu lernen. Ich komme mit, ohne zu fragen. Die Helfer arbeiten, statt zu pausieren. Er tobt, anstatt zu reden. Es bleibt uns nichts, außer zu warten. Nichts ist wichtiger, als sofort zu helfen.*
  - von einem Nomen abhängen: *Er hat den festen Vorsatz, mit dem Rauchen aufzuhören.*
  - von einem hinweisenden Wort angekündigt oder wieder aufgenommen werden: *Wir genießen es, lange auszuschlafen. Lange auszuschlafen, das genießen wir.*
- bei Partizipgruppen, die
  - von einem hinweisenden Wort angekündigt oder wieder aufgenommen werden: *So, vor Freude strahlend, zeigte sie uns das gute Diktat. Eine bekannte Melodie pfeifend, so kam er den Weg entlang.*
  - nachgestellt sind: *Er kam den Weg entlang, eine bekannte Melodie pfeifend.*
- bei Zusätzen, Nachträgen, Einschüben (insbesondere Appositionen): *Du und ich, wir beide, sind ein tolles Team. Die Hagebutte, die Frucht der wilden Heckenrose, ist eine rote Frucht.*
- bei Anreden und besonders hervorgehobenen Ausrufen: *Robert, komm bitte an die Tafel. Hilfe, wir schreiben ein Diktat!*
- innerhalb von mehrteiligen Orts- oder Zeitangaben: *Das Bundeskanzleramt, Willy-Brandt-Straße 1, 10557 Berlin war im Stadtplan rot markiert. Kommen Sie bitte am Montag, den 20. Oktober wieder zur Sprechstunde.*
- bei wörtlicher Wiedergabe, wenn der Begleitsatz folgt/weitergeht: *„Ich komme gleich!", ruft sie abermals. Ich sage: „Nein", und schüttele den Kopf.*

Hier können Sie Kommas setzen:

- wenn gleichrangige Hauptsätze durch *und, oder, bzw., entweder ... oder, nicht ... noch, weder ... noch* verbunden sind: *Die Kinder machen Hausaufgaben[,] und ich kümmere mich um die Wäsche. Wir gehen schwimmen[,] oder wir spielen Volleyball im Park.*
- innerhalb von einleitenden Wortgruppen: *Ich liebe dich, egal[,] was du tust.*
- bei nicht erweiterten Infinitiven sowie Infinitiv- und Partizipgruppen: *Er hat den festen Vorsatz[,] aufzuhören. Er dachte nicht daran[,] zuzuhören. Er riet[,] ihm zu helfen. Er riet ihm[,] zu helfen. Sie zeigte uns[,] vor Freude strahlend[,] das gute Diktat.*
- hinter mehrteiligen Orts- oder Zeitangaben: *Das Bundeskanzleramt, Willy-Brandt-Straße 1, 10557 Berlin[,] war im Stadtplan rot markiert. Kommen Sie bitte am Montag, den 20. Oktober[,] wieder zur Sprechstunde.*

Julia lädt Alex, ihren Freund[,] und uns zum Essen ein.

Wenn wir wissen wollen, mit wie vielen Personen wir es hier zu tun haben, müssen wir wissen, welche Rolle das zweite Komma spielt.

Entweder haben wir es mit einer *Aufzählung* (in unserem Beispiel steht nur ein Komma – wir treffen auf drei Personen) zu tun oder mit einer *Apposition* (das zweite Komma ist gesetzt – wir treffen nur auf Julia und ihren Freund Alex). Jetzt wollen Sie es genau wissen? Dann lassen Sie uns die letzte Etappe unserer Rechtschreibreise gleich mit den Regeln für das Komma beginnen!

Das Komma

Das Komma in Aufzählungen

Neben dem Semikolon, dem Doppelpunkt, dem Gedankenstrich und den Klammern dient hauptsächlich das Komma zur Gliederung von vollständigen Sätzen.

Dieser Satz benennt nicht nur die Satzzeichen, die in vollständigen Sätzen verwendet werden, er ist auch selbst ein Beispielsatz für die erste Regel in diesem Abschnitt:

Gleichrangige Wörter oder Wortgruppen werden durch Kommas voneinander getrennt, wenn sie **nicht** durch *und, oder, bzw., sowie, wie, entweder … oder, nicht … noch, sowohl … als (auch), sowohl … wie (auch)* oder *weder … noch* verbunden sind.	Wir haben heute Mathe, Deutsch_und Englisch. Am Nachmittag spielen wir Handball, Fußball, Basketball_oder Tischtennis. Die anwesenden Eltern, Großeltern_bzw. Lehrer jubeln laut. Wir kaufen frisches Obst, knackiges Gemüse_sowie gesunden Fisch. Entweder du fährst mit dem Rad_oder gehst zu Fuß. Ich kann sowohl mit der ersten_als auch mit der zweiten Möglichkeit leben.
Kommas werden auch dann gesetzt, wenn die gleichrangigen Wörter oder Wortgruppen durch **Konjunktionen** wie *aber, doch, jedoch, sondern* verbunden sind, die einen **Gegensatz** ausdrücken.	Ich verschicke gern E-Mails, aber keine Briefe. Er machte mir ein sehr verlockendes, doch leicht durchschaubares Angebot. Er arbeitete fleißig, jedoch ohne Erfolg. Der Vortrag war nicht auf Deutsch, sondern auf Englisch.

Dies gilt insbesondere für gleichrangige Adjektive, die Sie auch ganz leicht erkennen:

In Aufzählungen werden **gleichrangige Adjektive** durch Kommas voneinander getrennt.	Heute traf ich auf laute, unkonzentrierte, widerspenstige Schüler. Es waren orange, rote, gelbe Heftumschläge erlaubt.

Gleichrangige Adjektive erläutern in gleichem Maße das folgende Nomen. Sie sind an diesen Merkmalen zu erkennen:	
• Die Adjektive können mit *und* **verbunden** werden.	Heute traf ich auf laute **und** unkonzentrierte **und** widerspenstige Schüler. Es waren orange **und** rote **und** gelbe Heftumschläge erlaubt.
• Die **Reihenfolge** der Adjektive kann vertauscht werden, ohne dass sich der Sinn ändert.	Heute traf ich auf unkonzentrierte, widerspenstige, laute Schüler. Es waren rote, gelbe, orange Heftumschläge erlaubt.

Zwei Adjektive sind dann **nicht gleichrangig**, wenn das zweite mit dem Nomen einen festen Begriff bildet. Dies trifft auf Adjektive zu, die	
• eine **Herkunft** bezeichnen	der ausgezeichnete_französische Wein, die gute_irische Butter
• eine **Farbe** angeben	die feine_schwarze Hose, das herrliche_weiße Brautkleid
• ein **Material** benennen	der auffällige_silberne Leuchter, der wertvolle_goldene Ring

Das Komma zwischen Hauptsätzen

Es können nicht nur Wörter oder Wortgruppen, sondern auch ganze Sätze aneinandergereiht werden.

Gleichrangige Hauptsätze werden durch Kommas voneinander getrennt, wenn sie **nicht** durch *und, oder, bzw., sowie, wie, entweder … oder, nicht … noch, sowohl … als (auch), sowohl … wie (auch)* oder *weder … noch* verbunden sind.	Die Kinder machen Hausaufgaben**,** ich kümmere mich um die Wäsche. Das Wetter ist traumhaft**,** wir können nachher schwimmen gehen.
Dies gilt auch, wenn die gleichrangigen Hauptsätze durch **Konjunktionen** wie *aber, doch, jedoch, sondern* verbunden sind, die einen Gegensatz ausdrücken.	Ich komme gerne dazu**,** aber ich werde es nicht pünktlich schaffen. Sie ruht sich nicht aus**,** sondern sie mobilisiert viele Helfer.
Wenn die gleichrangigen Hauptsätze durch *und, oder, bzw., entweder … oder, nicht … noch, weder … noch* verbunden sind, **kann** ein Komma gesetzt werden.	Die Kinder machen Hausaufgaben[,] und ich kümmere mich um die Wäsche. Wir gehen schwimmen[,] oder wir spielen Volleyball im Park.

Das Komma bei Nebensätzen

Die folgende Regel ist ebenso hilfreich wie einfach:

Ein **Nebensatz** wird von einem **Hauptsatz** mit Komma abgetrennt.	Ich helfe dir gerne**,** obwohl ich wenig Zeit habe. Wenn du dich konzentrierst**,** wirst du es schaffen.
Ist er eingeschoben, wird er in Kommas eingeschlossen.	Du wirst**,** weil du dich so anstrengst**,** ein gutes Ergebnis erreichen.
Vor *und* bzw. *oder* muss ein Komma gesetzt werden, wenn der Nebensatz beendet ist.	Ich freue mich, dass du mich eingeladen hast**, und** komme gern. Entweder machst du deine Hausaufgaben, nachdem du gegessen hast**, oder** du hilfst beim Abspülen.

Das gilt auch für eine besonders wichtige Art von Nebensätzen, die Relativsätze:

Relativsätze werden mit Komma vom Hauptsatz abgetrennt. Sind sie eingeschoben, werden sie mit Kommas eingeschlossen.	Ich schaue auf den Zettel**,** den du mir zeigst. Die Geschichte**,** die du mir erzählt hast**,** ist nicht glaubwürdig.
Auch hier muss vor *und* bzw. *oder* ein Komma gesetzt werden, wenn der Relativsatz beendet ist.	Das Buch, das du mir geliehen hast**, und** deine Zeitung habe ich bereits gelesen.

Wird ein Nebensatz **mit einer Konjunktion und weiteren Wörtern eingeleitet**, steht ein Komma vor dieser gesamten Wortgruppe.	Sie meldet sich nicht oft**, aber wenn** sie etwas sagt, bringt sie uns immer voran. Er begann sein Training, **einige Wochen bevor** der Wettkampf losging.
Häufig dürfen Sie auch zusätzliche Kommas innerhalb der Wortgruppe setzen.	Ich liebe dich, egal[**,**] was du tust. Wir werden möglicherweise zusätzliche Stühle benötigen, je nachdem[**,**] wie viele Eltern teilnehmen können.

Sind die **Nebensätze verkürzt**, darf das Komma weggelassen werden.	Wie bereits erwähnt[**,**] freue ich mich sehr. **aber:** Wie ich bereits erwähnt habe, freue ich mich sehr. Bitte kommen Sie[**,**] wenn möglich[**,**] direkt ins Büro. **aber:** Bitte kommen Sie, wenn das möglich ist, direkt ins Büro.

In **Vergleichen** mit *wie* und *als* steht nur dann ein Komma, wenn ein Nebensatz folgt.	Das dauert länger**,** als ich dachte. **aber:** Das dauert länger_als gedacht. Du bist so krank**,** wie ich befürchtet habe. **aber:** Du bist so krank_wie befürchtet.

Bisher haben wir Nebensätze nur im Hinblick auf die übergeordneten Hauptsätze betrachtet. Nun nehmen wir die Verhältnisse *zwischen* Nebensätzen unter die Lupe.

Gleichrangige Nebensätze trennt man mit Kommas ab, wenn sie **nicht** durch *und, oder, bzw., sowie, wie, entweder … oder, nicht … noch, sowohl … als (auch), sowohl … wie (auch)* oder *weder … noch* verbunden sind.	Ich bitte dich, dass du mir hilfst**,** weil ich so wenig Zeit habe_und weil ich dir vertraue. Es stört mich, wenn du nicht lernst**,** wenn du nur fernsiehst_und wenn du deine Pflichten vernachlässigst.
Nebensätze, die **von anderen Nebensätzen abhängen**, werden von diesen durch Kommas abgetrennt.	Du sagst, dass der Test**,** der heute geschrieben wurde**,** sehr einfach war. Ich lobe dich, weil du eine Lösung gefunden hast**,** nachdem du die Aufgabe nochmals durchgelesen hast.

Das Komma bei Infinitivgruppen

Die Regeln für Kommas bei Infinitiven mit *zu* sind sehr wichtig, glücklicherweise aber auch sehr übersichtlich.

In diesen drei Fällen muss eine **Infinitivgruppe** mit Kommas abgegrenzt werden:	
• Sie wird mit *um, ohne, statt, anstatt, außer* oder *als* **eingeleitet**.	Du machst mit**, um** etwas **zu** lernen. Ich komme mit**, ohne zu** fragen. Die Helfer arbeiten**, statt zu** pausieren. Manchmal tobt er**, anstatt zu** reden. Es bleibt uns nichts**, außer zu** warten. Nichts ist wichtiger**, als** sofort **zu** helfen.
• Sie hängt von einem **Nomen** ab.	Er hat den festen **Vorsatz,** mit dem Rauchen aufzuhören. Sie fasste den **Gedanken,** für notleidende Kinder zu spenden.

Ist der **Infinitiv mit** *zu* **nicht** ergänzt, darf das Komma wegfallen.	Er hat den festen Vorsatz[,] aufzuhören. Sie fasste den Gedanken[,] zu spenden.
• Ein **hinweisendes Wort** kündigt die Infinitivgruppe an oder nimmt auf sie Bezug.	**Darauf**, Musik zu hören**,** haben sie sich lange gefreut. Wir genießen **es,** lange auszuschlafen. Musik zu hören**, darauf** haben sie sich lange gefreut. Lange auszuschlafen**, das** genießen wir.
Ist der **Infinitiv mit** *zu* **nicht** ergänzt, darf das Komma weggelassen werden.	Wir genießen es[,] auszuschlafen. Er dachte nicht daran[,] zuzuhören.
• In den übrigen Fällen **kann** ein Komma gesetzt werden, um Missverständnisse zu vermeiden.	Er riet[,] ihm zu helfen. Er riet ihm[,] zu helfen. Er verspricht[,] täglich anzurufen. Er verspricht täglich[,] anzurufen.

Das Komma bei Partizipgruppen

Partizipgruppen können immer durch Kommas abgegrenzt werden.	Sie zeigte uns[,] vor Freude strahlend[,] das gute Diktat. Er kam[,] eine bekannte Melodie pfeifend[,] den Weg entlang.
In den folgenden Fällen **müssen** Kommas gesetzt werden:	
• Ein **hinweisendes Wort** kündigt die Partizipgruppe an oder nimmt sie wieder auf.	So, vor Freude strahlend**,** zeigte sie uns das gute Diktat. Eine bekannte Melodie pfeifend**,** so kam er den Weg entlang.
• Die Partizipgruppe ist **nachgestellt**.	Sie**,** vor Freude strahlend**,** zeigte uns das gute Diktat. Er kam den Weg entlang**,** eine bekannte Melodie pfeifend.

Das Komma bei Zusätzen, Nachträgen und Einschüben

Auf den vorangegangenen Etappen unseres Rechtschreibabenteuers haben Sie schon die Infinitiv- und Partizipgruppen als Kandidaten für Nachträge bzw. Einschübe kennengelernt. Der Vollständigkeit halber hier die Regel in ihrer allgemeinen Form:

Zusätze, **Nachträge** und **Einschübe** werden mit Kommas abgegrenzt.	Vorhin**,** es war mitten in der Englischstunde**,** ertönte plötzlich der Alarm. Er**,** der Gärtner**,** war der Täter. Das Kind jubelt**,** außer sich vor Glück. Er zerriss den Zettel**,** rot vor Zorn. Du und ich**,** wir beide**,** sind ein tolles Team.

Nachträge und Einschübe werden häufig mit *also, besonders, d.h., genauer, insbesondere, nämlich, und zwar* sowie *vor allem* eingeleitet und dann mit Kommas abgegrenzt.	Bitte kommen Sie am Donnerstag**,** also übermorgen**,** in meine Sprechstunde. Ich mag alles Süße**,** vor allem Schokolade. Ich esse auch Äpfel**,** insbesondere rote**,** wirklich gern.
Bezieht sich eine Erläuterung auf ein **Attribut** oder auf ein **Prädikat**, entfällt das zweite Komma.	Ich esse auch sehr gerne **rote,** genauer süße_Äpfel. Er **soll** für die Arbeit gut **gelernt,** d. h. den gesamten Stoff wiederholt_**haben.**
Vor *und* bzw. *oder* muss ein Komma gesetzt werden, wenn davor ein Zusatz, Nachtrag oder Einschub beendet ist.	Bitte kommen Sie am Donnerstag, also übermorgen**, oder** am Freitag in meine Sprechstunde.

Ein wichtiger Vertreter der *Nachträge* ist die nachgestellte bzw. eingeschobene Nomengruppe, die mit ihrem Bezugswort in Kasus, Numerus und Genus übereinstimmt: die *Apposition.*

Auch **Appositionen** werden mit Kommas abgegrenzt.	Die Hagebutte**,** die Frucht der wilden Heckenrose**,** ist eine rote Frucht. Salzburg ist die Geburtsstadt Mozarts**,** des weltbekannten Wunderkindes.

Ist ein **Eigenname** einem Titel oder einer Berufsbezeichnung nachgestellt, darf das Komma weggelassen werden.	Das weltbekannte Wunderkind[,] Wolfgang Amadeus Mozart[,] wurde in Salzburg geboren.

Wir beenden unsere Reise durch die Kommasetzung mit zwei einfachen Regeln:

Anreden und **besonders hervorgehobene Ausrufe** werden durch Komma abgetrennt.	Robert**,** komm bitte an die Tafel. Hilfe**,** wir schreiben ein Diktat! Nein**,** das kann ich nicht garantieren.
Mehrteilige Orts-, Zeit- und Literaturangaben, die **nicht** durch zusätzliche Präpositionen verbunden sind, werden mit Komma abgetrennt. Das schließende Komma kann entfallen.	Das Bundeskanzleramt**,** Willy-Brandt-Straße 1, 10557 Berlin[,] war im Stadtplan rot markiert. **aber:** Das Bundeskanzleramt**,** Willy-Brandt-Straße 1_**in** 10557 Berlin[,] war im Stadtplan rot markiert. Wir treffen uns am Montag, 10 Uhr[,] am Eingang. **aber:** Wir treffen uns am Montag_**um** 10 Uhr am Eingang. Kommen Sie bitte am Montag**,** den 20. Oktober[,] wieder zur Sprechstunde. Der Artikel ist im Jahresbericht**,** Jahrgang 2012/13, S. 122[,] zu lesen. **aber:** Der Artikel ist im Jahresbericht**,** Jahrgang 2012/13_**auf** S. 122[,] zu lesen.

Das Semikolon (der Strichpunkt)

Mit dem Semikolon (Strichpunkt) werden gleichartige Elemente in **Aufzählungen** zusammengefasst und **längere, gleichrangige Sätze** gegliedert. Die **nachfolgenden Wörter** werden entsprechend ihrer Wortart groß- oder kleingeschrieben.	In dieser Jahrgangsstufe werden Wettbewerbe in Latein, Griechisch, Englisch; Mathematik, Physik, Chemie; Geschichte und Kunst angeboten. Die Kinder machen Hausaufgaben, sind also beschäftigt; ich nutze die Zeit und kümmere mich um die Wäsche.
Dabei ist die **Abgrenzung** stärker als durch ein Komma, aber schwächer als durch einen Punkt.	In dieser Jahrgangsstufe werden Wettbewerbe in Latein, Griechisch, Englisch, Mathematik, Physik, Chemie, Geschichte und Kunst angeboten. Die Kinder machen Hausaufgaben, sind also beschäftigt. Ich nutze die Zeit und kümmere mich um die Wäsche.

Der Doppelpunkt

Der Doppelpunkt kündigt an, dass etwas **Weiterführendes** folgt:	
• **wörtliche Wiedergaben**	Sie sagt: „Heute fällt der Unterricht aus!"
• **Aufzählungen**	Bitte besorgen: Papier, Stifte und Kleber.
• **Angaben**	Geburtsort: Frankfurt Familienstand: verheiratet
• **Zusammenfassungen** von zuvor Genanntem oder **Schlussfolgerungen**	Bitte mitbringen: einen Block, Stifte und Kleber. Mathematik: sehr gut

Bevor wir die im Satz verwendeten Satzzeichen mit dem Gedankenstrich und den Klammern abschließen, greifen wir die gerade erwähnte wörtliche Wiedergabe und die sie kennzeichnenden *Anführungszeichen* nochmals auf.

Die Anführungszeichen

Anführungszeichen schließen **wörtlich wiedergegebene Äußerungen** oder **Textstellen** ein.	Sie jubelte: „Das freut mich sehr!" Auf der Karte stand: „Es erwartet euch ein spannender Tag im Freizeitpark!"
Außerdem **heben** sie Wörter **hervor**.	In dem Wettbewerb „Frankfurt schreibt!" geht es um knifflige Diktate.

Mit **halben Anführungszeichen** werden Anführungen in bereits angeführten Texten gekennzeichnet.	Er sagte: „Sie haben angekündigt: ‚Morgen unterrichtsfrei'!" In der Zeitung stand: „Auch dieses Jahr war ‚Frankfurt schreibt' ein Erfolg."

Wir bleiben noch ein bisschen in dem wichtigen Bereich der wörtlichen Wiedergaben.

Die wörtliche (direkte) Rede

Die wörtliche Rede kann durch einen vorangehenden **Begleitsatz** eingeleitet werden, dieser kann aber auch nachgestellt oder eingeschoben sein.	**Er sagt:** „Das kann ich nicht leiden!" „Das kann ich nicht leiden!", **sagt er.** „Das", **sagt er,** „kann ich nicht leiden!"

Folgt der Begleitsatz oder ein Teil von ihm der wörtlichen Rede, so wird nach dem schließenden Anführungszeichen ein Komma gesetzt.	„Ich komme gleich!", ruft sie abermals. „Geht das auch schneller?", frage ich. „Ich weiß es nicht", erwidert er. Ich sage: „Nein", und schüttele den Kopf.
Ist der **Begleitsatz** in die wörtliche Rede **eingeschoben**, wird er mit Kommas eingeschlossen.	„Ich komme", ruft sie, „bestimmt gleich!" „Geht das denn", frage ich, „auch schneller?"

Und wie steht es mit den Satzzeichen des Begleitsatzes?

Der **Begleitsatz** verliert seinen **Schlusspunkt**, wenn er vor der wörtlichen (direkten) Rede steht oder in diese eingeschoben ist.	Der Lehrer sagte: „Das hast du wirklich gut gemacht." „Ich habe", sagtest du, „auch wirklich viel gelernt."
Er behält unabhängig von seiner Position ein Ausrufe- oder Fragezeichen, selbst wenn es dabei zu unschönen „Häufungen" kommt.	Hast du wirklich respektlos gefragt: „Geht's noch?"?

Wenn Sie die bisherigen Beispiele betrachten, sehen Sie sofort, wie es sich mit den Satzzeichen bei dem wörtlich Wiedergegebenen verhält – und wie einfach das ist:

Endet die **wörtliche Wiedergabe** mit	
• einem **Ausrufe- oder Fragezeichen**, so bleibt dieses unabhängig von der Position des Begleitsatzes vor dem schließenden Anführungszeichen erhalten,	Ich bitte ihn: „Komm rasch!" „Beeil dich bitte!", füge ich noch hinzu. „Hat das nicht Zeit?", erwidert er. Und dann fragt er: „Ist es denn wirklich wichtig?"
• einem **Punkt**, so fällt dieser weg, wenn der Begleitsatz folgt oder fortgesetzt wird oder ein Frage- bzw. Ausrufezeichen folgt.	„Keine Zeit", sagte er nur. Er sagte: „Keine Zeit", und blieb sitzen. Hat er tatsächlich gesagt: „Keine Zeit"? **aber:** Er sagte nur: „Keine Zeit."

Zum Abschluss noch ein „Schmankerl" für alle, die mit der (Haus-)Aufgabe konfrontiert werden, eine wörtliche Rede dort zu unterbrechen, wo ein Komma steht:

Wenn der Begleitsatz an einer Stelle der wörtlichen Wiedergabe eingeschoben wird, an der ein **Komma** steht, entfällt dieses.	Die Arzt sagte: „Nehmen Sie diese Medizin genau nach Anweisung, da sie sonst nicht wirkt." – „Nehmen Sie diese Medizin genau nach Anweisung", sagte der Arzt, „da sie sonst nicht wirkt."

Damit beenden wir unseren Ausflug in den Bereich der wörtlichen Wiedergabe und kehren zu den Zeichen im Satz zurück.

Der Gedankenstrich

Der Gedankenstrich kündigt an, dass	
• etwas **Unerwartetes** folgt,	Mitten in der Englischstunde ertönte – der Feueralarm.
• ein **Themen-** oder **Sprecherwechsel** stattfindet,	Ich möchte das gerne vertagen. – Kommen wir zum nächsten Punkt. Räum bitte dein Zimmer auf! – Ach nein, nicht schon wieder!
• ein **Zusatz**, **Nachtrag** oder **Einschub** folgt; in diesem Fall trennt er stärker als ein Komma.	Vorhin – es war mitten in der Englischstunde – ertönte plötzlich der Alarm. Er – der Gärtner – war der Täter. Das Kind jubelt – außer sich vor Glück.
Außer beim Themen- oder Sprecherwechsel werden die **nachfolgenden Wörter** entsprechend ihrer Wortart groß- oder kleingeschrieben.	

Auch hier stellt sich die Frage, was mit den Satzzeichen des Einschubs bzw. des einschließenden Satzes passiert – aber etwas Überraschendes erwartet Sie hier nicht:

Ausrufe- und Fragezeichen, die zum **Einschub** gehören, setzt man vor den abschließenden Gedankenstrich, ein **Schlusspunkt** oder ein **Komma** entfällt.	Er äußerte – so eine Frechheit! – kein einziges Wort des Bedauerns. Das Telefon hat – hast du es denn nicht gehört? – ganz lange geklingelt. Häng bitte – ich möchte es nicht noch einmal wiederholen – deine Jacke auf. **aber:** Häng bitte, ich möchte es nicht noch einmal wiederholen, deine Jacke auf.
Die **Satzzeichen des einschließenden Satzes**, die ohne den Einschub gesetzt werden müssen, bleiben erhalten.	Er sagte – ich kann es kaum glauben –, er habe nichts bemerkt. Ich fragte ihn – direkt bei seinem Eintreffen –, ob er noch etwas hinzufügen wolle.

Die Klammern

Einschübe werden im Satz mit Klammern eingeschlossen. Sie ersetzen (paarige) Kommas oder (paarige) Gedankenstriche, können aber auch dort gesetzt werden, wo Kommas gar nicht stehen können. Nicht: *Sie ersetzen, paarige, Kommas.* Klammern trennen zudem stärker als Kommas und können auch selbstständige Textteile einschließen.

Einschübe in einem Satz oder **selbstständige Textteile** werden üblicherweise in **runden Klammern** eingeschlossen.	Der Hagebutte (der Frucht der wilden Heckenrose) wird eine heilende Wirkung zugeschrieben. Vorhin (es war mitten in der Englischstunde) ertönte plötzlich ein Alarm. Die Bestellung ist noch nicht angekommen. (Dabei war das Lieferdatum garantiert. Ich werde die Bestätigung kopieren.)

Eckige Klammern werden benutzt	
• als **Klammern innerhalb** von runden Klammern	Vorhin (es war [leider] mitten in der Englischstunde) ertönte ein Alarm.
• bei **verzichtbaren Buchstaben**	gern[e], Verwechs[e]lung

Wir müssen auch hier die Satzzeichen der beteiligten Sätze unter die Lupe nehmen – aber auch diese Regel ist Ihnen längst geläufig:

Ausrufe- und Fragezeichen eines **Einschubs** werden vor die schließende Klammer gesetzt, ein **Schlusspunkt** oder ein **Komma** entfällt jedoch.	Er äußerte (so eine Frechheit!) kein einziges Wort des Bedauerns. Das Telefon hat (hast du es denn nicht gehört?) ganz lange geklingelt. Häng bitte (ich möchte es nicht noch einmal wiederholen) deine Jacke auf. **aber:** Häng bitte, ich möchte es nicht noch einmal wiederholen, deine Jacke auf.
Wird ein **selbstständiger Textteil** in Klammern gesetzt, bleiben seine **Satzzeichen** erhalten.	Wir gehen heute Abend ins Schulkonzert. (Es findet wie immer in der Aula statt. Der Beginn ist um 20 Uhr.) Der Eintritt ist frei. (Um Spenden für die musikalische Arbeit der Schule wird gebeten!)
Die **Satzzeichen des einschließenden Satzes**, die ohne den Einschub gesetzt werden müssen, bleiben erhalten.	Er sagte (ich kann es kaum glauben), er habe nichts bemerkt. Ich fragte ihn (direkt bei seinem Eintreffen), ob er etwas dazu sagen wolle.

Nun kommen wir zu den Zeichen, die am Ende von vollständigen Sätzen stehen: Punkt, Ausrufe- und Fragezeichen.

Der Satzschlusspunkt

Mit einem **Punkt** werden Sätze beendet.	Ich komme mit. Es freut mich, dass Sie auch dabei sind.

Nach **frei stehenden Zeilen** steht **kein Punkt**. Dies betrifft	
• **Überschriften** und **Titel**	Bericht des Schulelternbeirats Der kleine Prinz
• Bezeichnungen von **Gesetzen**	Bundesgesetz über den Datenschutz
• **Anschriften**	Bundeskanzleramt Willy-Brandt-Straße 1 10557 Berlin
• **Datumszeilen**	Frankfurt, 17. Januar 2014
• **Grußformeln**	Mit freundlichen Grüßen

Das Ausrufezeichen

Mit dem **Ausrufezeichen** erhalten Sätze in **Aufforderungen**, **Wünschen** und **Ausrufen** einen besonderen Nachdruck.	Häng bitte deine Jacke auf! Wenn du doch da wärst! Autsch! Oje! Ruhe!

Bei **besonderem Nachdruck** steht ein Ausrufezeichen auch nach **Überschriften** und **Anreden**.	Endlich eine Chance für eine diplomatische Lösung! Sehr geehrte Damen und Herren!

Bei der **Anrede in Briefen** darf sowohl ein **Ausrufezeichen** als auch ein **Komma** gesetzt werden.	Liebe Oma! Vielen Dank für deinen Brief. Liebe Oma, vielen Dank für deinen Brief.

Das Fragezeichen

Mit dem **Fragezeichen** wird ein Satz als **Frage** gekennzeichnet.	Kannst du heute die Kinder abholen**?** Hast du gut nachgedacht**?**
Zur **Kennzeichnung einer Frage** darf auch in **Überschriften** ein Fragezeichen gesetzt werden.	Endlich eine Chance für eine diplomatische Lösung**?**

Sie haben jetzt alle Satzzeichen kennengelernt, die innerhalb von vollständigen Sätzen oder an deren Ende vorkommen können. Damit bleiben uns nur noch wenige Schritte bis ans Ende unserer Rechtschreibreise!

Der Punkt in Abkürzungen und bei Ordnungszahlen

Der Punkt hat neben seiner Funktion als Satzschlusszeichen noch eine weitere:

Der Punkt kennzeichnet **abgekürzte Wörter**, die als **nicht** abgekürzte Form gesprochen werden.	Abb. *(Abbildung)*, f. *(folgende Seite)*, Mio. *(Million[en])*, Tel. *(Telefon)*

Bei den folgenden Abkürzungen steht normalerweise **kein Punkt**:	
• **Maße** nach dem internationalen Einheitensystem	**m** *(Meter)*, **s** *(Sekunde)*
• **Himmelsrichtungen**	**N** *(Nord[en])*, **NO** *(Nordost[en])*
• **Währungen**	**EUR** *(Euro)*, **USD** *(US-Dollar)*
• Abkürzungen, die aus **Initialen** bestehen oder als **Buchstaben** gesprochen werden	**DIN** *(Deutsche Industrie-Norm)*, **Pkw** *(Personenkraftwagen)*

Der Punkt kennzeichnet in Ziffern geschriebene Zahlen als **Ordnungszahlen**.	der 2. Weltkrieg, Friedrich II.
Trifft der **Punkt** einer Abkürzung oder einer Ordnungszahl mit dem **Satzschlusspunkt** zusammen, steht nur ein Punkt.	Sein Vater war Oberstudienrat a. D. Der Artikel steht auf S. 117 f. Die Ausstellung befasst sich mit Friedrich II.

Der Schrägstrich

Der Schrägstrich dient zur Angabe von	
• **alternativen Möglichkeiten** im Sinne von *und, oder, bzw., bis*	die Schüler/Schülerinnen, Ich/Wir überweise[n] …
• **Verhältnissen** im Sinne von *je/pro*	km/h, Einwohner/km²

Der Ergänzungsstrich

Ein **Ergänzungsstrich** wird benutzt, wenn in Wörtern ein gemeinsamer Bestandteil ersetzt wird.	der Turn- und Sportverein, Unterrichtsbeginn und -ende, die Autobahnauf- und -ausfahrten

Der Apostroph

Der **Apostroph** steht für **ausgelassene Buchstaben** in	
• **Genitiven** von **Eigennamen**, deren Grundform auf *-s, -ss, -ß, -tz, -z, -x, -ce* endet	Luis' Schlüssel, Grass' Roman, Hoeneß' Verein, Ringelnatz' Werk, Franz' Auto, Marx' Leben
• Auslassungen im **Wortinneren**, auch zur **Verbesserung der Lesbarkeit**	D'dorf, Ku'damm, in wen'gen Augenblicken 's war 'ne Menge Arbeit.

Kein Apostroph steht bei	
• **Verbformen ohne Schluss-e**	Komm doch endlich! Ich ruf dich an.
• allgemein üblichen **Artikelver- schmelzungen** mit Präpositionen	ans, aufs, beim, fürs, durchs, hinters, ins, übers, vorm

Der **Apostroph kann** bei umgangs- sprachlichen Verschmelzungen mit dem Pronomen *es* **weggelassen werden**.	Nimms leicht. (auch: Nimm's leicht.) Wie gehts? (auch: Wie geht's?)

Im Gegensatz zum angelsächsischen Sprachraum gilt im Deutschen Folgendes:

Verkürzte Jahreszahlen werden **ohne** Apostroph geschrieben.	Unsere Kinder sind_01 und_03 geboren. Anfang_13 trat die neue Mannschaft an.

Die Auslassungspunkte

Auslassungspunkte markieren **aus- gelassene Teile** in einem Wort, Satz oder Text. Sie schließen nur direkt an, wenn ein **Wortteil** ausgelassen ist, sonst muss ein Leerzeichen gesetzt werden.	So ein M…! Sch…! Sekt oder_…? Auslassungspunkte markieren ausge- lassene Teile in einem_… Text.

Stehen die **Auslassungspunkte** am Satz- ende, entfällt der Schlusspunkt. Die übrigen Satzzeichen werden gesetzt.	Hör mal: Übung macht den … Lass doch den M…! Er begann: „Es war einmal …"

Haben Sie es schon bemerkt? Sie sind am Ziel, aber nicht am Ende! Hut ab, Sie haben
sich wacker gehalten!

Arbeitsblätter und Glossar

In diesem Kapitel lesen Sie

- → wo Sie das Online-Material finden und wie Ihr Kind mit den Arbeitsblättern üben kann

- → welche Fachbegriffe es gibt (Glossar)

- → wo Sie weitere Literatur zum Thema finden können

Arbeitsblätter als Online-Material

In den beiden ersten Teilen unseres Ratgebers haben Sie viel Theoretisches über Rechtschreibstrategien und das Erlernen der Rechtschreibung in den verschiedenen Altersstufen gelesen und anhand von Beispielen ganz konkret erfahren, welche Regeln und welche Ausnahmen es in der deutschen Sprache gibt. Im dritten Teil geht es nun um die Praxis.

Übung macht den Meister!

Wir haben zu den verschiedenen Themen insgesamt 30 Arbeitsblätter erstellt, mit deren Hilfe Ihr Kind die Regeln erlernt, versteht und verinnerlicht. Diese Arbeitsblätter sind im pdf Format angelegt. Sie finden sie auf unserer Internetseite www.klett-lerntraining.de unter dem Stichwort Downloads.

Die Arbeitsblätter sind nach Themen und nach Schuljahren geordnet. Sie können das für Sie bzw. für Ihr Kind geeignete Material herunterladen und ausdrucken.

Sollten Sie nicht farbig ausdrucken können, so sind die Aufgaben natürlich trotzdem lösbar. Wir haben uns bemüht, das Layout so zu gestalten, dass die Farbe nicht unbedingt relevant für die Bearbeitung ist. Die Lösung eines Arbeitsblattes finden Sie jeweils im Anschluss an die Übungen. Sie wird gleich mit ausgedruckt, so haben Sie immer alles zusammen und können gemeinsam mit Ihrem Kind starten.

Je nach Alter und Fähigkeiten Ihres Kindes benötigt es vielleicht an der einen oder anderen Stelle Ihre Hilfe zum besseren Verständis. Grundsätzlich kann und sollte es aber natürlich die Übungen alleine machen.

Wir wünschen Ihnen viel Spaß mit der Bearbeitung der Aufgaben –
Ihre Redaktion Klett Lerntraining und die Autoren

Ihr Zugang zum Online-Material

Öffnen Sie unserer Web-Seite mit dem link

www.klett-lerntraining.de/9E9B

und wählen Sie den Ratgeber „Rechtschreibung für Eltern" aus.
Hier finden Sie alle Arbeitsblätter, die zu diesem Buch gehören.

So sehen die Arbeitsblätter aus, die Sie auf unserer Webseite finden. Nutzen Sie unsere kostenloses Online-Angebot zum Download des Arbeismaterials. Hier sehen Sie eine Beispielseite:

Arbeitsblatt 3 – Namenwörter schreibt man groß   1./2. Klasse

Lies diesen Text:

„Lea, wach auf!" Lea schreckt aus ihrem Traum auf. Ihr Vater rüttelt an ihrem Arm. „Du wolltest doch mit mir die Tiere beobachten." Lea öffnet die Augen und sieht ihren Vater an ihrem Bett stehen.
Da fällt ihr ein, dass sie ihn an diesem Tag in den Wald begleiten will. Sie darf sogar auf den Hochsitz klettern. Der Hochsitz besteht nicht nur aus ein paar Brettern und Stangen. Nein, er sieht aus wie ein Baumhaus und hat eine Tür und zwei Fenster.

Namenwörter kann man **sehen**, meistens **anfassen** oder einem anderen **geben**.

1

Der Papagei gibt dir einen Tipp. Suche jetzt drei Namenwörter aus der Geschichte und schreibe sie mit Begleiter auf.

978-3-12-926092-0 Rechtschreibung für Eltern – Klett Lerntraining c/o PONS GmbH

Klett

Glossar

*	Hieran erkennen Sie eine nicht existente bzw. ungültige Wortform, Schreibung oder Formulierung.	*festersetzen, *Auto-Bahn-anschluss, *die Welt steht den Kopf
_	So werden betonte oder lange Silben ge-kennzeichnet.	beisammensitzen, Dehnung
/	In /… / werden Laute geschrieben, also wie die Wörter oder Buchstaben ausgesprochen werden.	Wurm → /Wuam/
Ableitung	Derivation. Eine Form der Wortbildung, bei der an den Wortstamm eines bestehenden Wortes Vorsilben und/oder Nachsilben an-gehängt werden.	vor + lesen = vorlesen, (das) Kind + lich = kindlich
Adjektiv	Eigenschaftswort, Wiewort. Es beschreibt, welche Eigenschaften Nomen haben oder auf welche Art etwas geschieht. Es beantwortet die Frage „Wie ist etwas?". Wenn Adjektive vor Nomen stehen, werden sie wie diese dekliniert. Die meisten Adjektive können ge-steigert werden.	klein, lustig, schlau; das **verspielte** Kind, die **interes-sierten** Eltern, zusammen sind wir **erfolgreich**, wir finden es **spannend**, du bist **herzlich** eingeladen; schnell, schneller, am schnellsten
Adjektiv, dekliniertes	gebeugtes Adjektiv (siehe Deklination)	z. B. des **lustigen** Kindes („Wessen?")
Adjektiv, einfaches	ein Adjektiv, das nicht zusammengesetzt, erweitert oder gesteigert ist	**klein**, ein **lustiges** Buch, das **schlaue** Kind
Adjektiv, nicht dekliniertes	ein Adjektiv, das nicht gebeugt ist (siehe Deklination)	klein, lustig, schlau
Adverb	Umstandswort. Es gibt Auskunft zu den nähe-ren Umständen eines Verbs, eines Adjektivs, eines anderen Adverbs oder eines Nomens. Es kann sich auch auf den gesamten Satz be-ziehen. Adverbien sind unveränderlich.	ich bin **morgens** immer müde; das **äußerst** laute Schreien; ich habe dir **sehr** gern geholfen; das Kind **dort** kenne ich aus der Schule; **wahrscheinlich** wirst du gewinnen

Ähnlichkeitshemmung	Ranschburg-Phänomen. Sie besagt, dass ähnliche Lerninhalte nur schwer im Gedächtnis bleiben, wenn diese gleichzeitig bzw. mit nur geringem zeitlichem Abstand vermittelt werden.	*Schriftbild von b/d die Bedeutung von „links – rechts"*
Akkusativ	Wenfall, vierter Fall. Er kann mit „Wen oder was?" erfragt werden.	*den Mann, die Frau, das Kind*
Akkusativobjekt	Ergänzung im vierten Fall. Sie können das Akkusativobjekt mit „Wen oder was?" erfragen.	*Du zeigst mir **dein Diktat** („Wen oder was?").*
Anlauttabelle	Die verschiedenen Laute der deutschen Sprache werden in einer Anlauttabelle mit einem Anlautbild und den dazugehörigen Buchstaben aufgeführt.	*eine Maus für den Anlaut /m/ bzw. den Buchstaben M/m*
Artikel	Geschlechtswort. Es gibt bestimmte und unbestimmte Artikel, sie sind Begleiter von Nomen und werden mit diesen dekliniert.	*der, die, das (bestimmt); ein, eine (unbestimmt)*
Attribut	Beifügung. Attribute liefern zusätzliche Informationen, sie erläutern ihr Bezugswort.	*Das **angestrebte** Ziel können wir erreichen (Adjektivattribut). Der Rucksack **des Mädchens** war schwer (Genitivattribut), Seine Rede **bei der Verabschiedung** war wirklich witzig (Präpositionalattribut).*
Auslautverhärtung	Die Buchstaben b, d und g werden am Ende einer Silbe stimmlos ausgesprochen und klingen damit wie /p/, /t/ oder /k/.	*Kind wird am Ende mit /t/ gesprochen und daher gerade von Schreibanfängern meist fälschlicherweise *Kint geschrieben.*
Dativ	Wemfall, dritter Fall. Er kann mit „Wem?" erfragt werden.	*dem Mann, der Frau, dem Kind*
Dativobjekt	Ergänzung im dritten Fall. Sie können das Dativobjekt mit „Wem?" erfragen.	*Du zeigst **mir** dein Diktat („Wem?").*

Dehnungs-h	Im Gegensatz zum silbentrennenden h (siehe dort) kann das Dehnungs-h auch durch die Silbentrennung nicht hörbar gemacht werden. Es steht am Ende der ersten Silbe; der Vokal wird lang gesprochen.	*fah-ren, Leh-rer*
Deklination	Beugung, Fallsetzung. Darunter versteht man, Nomen, Artikel, Adjektive, Pronomen und Zahlwörter in die vier Fälle (Nominativ, Genitiv, Dativ, Akkusativ; siehe jeweils dort) und in Singular oder Plural zu setzen. Das Genus ändert sich bei Nomen nicht, andere Wortarten werden zudem in die drei Genera (Maskulinum, Femininum, Neutrum) gesetzt.	*das lustige Kind („Wer?"), des lustigen Kindes („Wessen?"), dem lustigen Kind („Wem?"), das lustige Kind („Wen oder was?"); die lustigen Kinder („Wer oder was?"), der lustigen Kinder („Wessen?"), klein: ein kleiner Mann (m), eine kleine Frau (f), ein kleines Kind (n), eines kleinen Mannes,*
Demonstrativpronomen	hinweisendes Fürwort. Es ist Begleiter oder Stellvertreter eines Nomens und weist auf dieses hin.	**Dieses** *Diktat hat mir gefallen.* **Jener** *Fehler war verzeihlich.* **Denselben** *Text haben wir zuvor geübt. Ich wende mich an* **denjenigen***, der heute Zeit hat.* **Das** *beschäftigt mich seit Langem.*
Denominalisierung	„verblasstes Nomen", das sein charakteristisches Merkmal verloren hat und kleingeschrieben wird	**kraft** *meines Amtes,* **dank** *eures guten Willens*
Diphthong	Doppellaut. Er wird aus zwei einfachen Vokalen oder aus dem Umlaut ä und dem einfachen Vokal u gebildet.	*au, eu, ei, ai, äu*
Fugenelement	einzelne Buchstaben, die bei der Zusammensetzung (siehe dort) zwischen die beiden Wortstämme eingefügt werden. Zu den häufigsten Fugenelementen im Deutschen zählen -s-, -n-, -e-, -es- und -ens-	*hilfsbereit, Küchenschrank*
Genitiv	Wesfall, zweiter Fall. Er kann mit „Wessen?" erfragt werden.	*des Mannes, der Frau, des Kindes*

Genitivobjekt	Ergänzung im zweiten Fall. Sie können das Genitivobjekt mit „Wessen?" erfragen.	*Ich bedarf **deiner Hilfe** („Wessen?").*
Genus	(grammatisches) Geschlecht. Es gibt drei Genera, nämlich Maskulinum (m, männlich), Femininum (f, weiblich) und Neutrum (n, sächlich). Sie stimmen oft mit dem natürlichen Geschlecht überein.	*der Mann (m), die Frau (f), das Mädchen (n)*
Grundwort	der zweite Bestandteil einer Zusammensetzung.	*Deutsch**buch**, Getrennt-**schreibung**, Neu**start**, Renn-**rad**, Vor**geschichte***
Grundzahl	Kardinalzahl. Mit Grundzahlen wird abgezählt, sie geben also eine bestimmte Anzahl an.	*eins, zwei, drei, zweitausend-achthunderteins*
Hauptsatz	ein Satz, der für sich alleine stehen kann. Erkennbar daran, dass das konjugierte Verb als Prädikat an zweiter Position der Satzteile steht.	*Ich schreibe ein Diktat. Du kannst gut rechnen. Ihr alle sollt mir helfen.*
Indefinit-pronomen	unbestimmtes Fürwort. Es steht als Stellvertreter für Personen und Dinge, die nicht näher bestimmt werden. Manche Indefinitpronomen können auch als Begleiter vor Nomen stehen.	*man; beide, manche, nichts*
Infinitiv	Nennform. Dieser Begriff bezeichnet die Grundform eines Verbs. In deutschen Wörterbüchern werden Verben in ihrer Grundform aufgeführt.	*essen, mitspielen, laufen, stehen*
Initial	der Anfangsbuchstabe eines Wortes. Einige Abkürzungen werden aus Initialen gebildet.	***K**ind, **R**echtschreibaben-teuer; ADAC (**A**llgemeiner **D**eutscher **A**utomobil-**C**lub)*
Interjektion	Ausrufewort. Interjektionen werden benutzt, um Empfindungen, Laute und Geräusche auszudrücken.	*oje, herrjemine, miau, peng*

Kasus	Fall. Nomen, Artikel, Adjektive und Pronomen stehen immer in einem der vier Fälle: Nominativ („Wer oder was?"), Genitiv („Wessen?"), Dativ („Wem?") oder Akkusativ („Wen oder was?"). Hieraus ergibt sich die Funktion von Wörtern/Wortgruppen im Satz, beispielsweise der Gebrauch eines Nomens als Subjekt oder Objekt.	*das Kind, des Kindes, dem Kind, das Kind; die Kinder, der Kinder, den Kindern, die Kinder*
Komparativ	Die meisten Adjektive können gesteigert werden. Die erste Steigerungsstufe wird Komparativ (auch erste Vergleichs- oder Höherstufe) genannt.	*groß – **größer** – am größten, der **hellere** Stern, der **wichtigere** Partner*
Konjugation	Beugung von Verben. In einem vollständigen Satz wird das Verb konjugiert. Das bedeutet, dass die Verbform in Person und Numerus an das Subjekt angepasst ist. Außerdem können Verben in die verschiedenen Zeiten (Tempora; Plusquamperfekt, Imperfekt/Präteritum, Perfekt, Präsens, Futur I, Futur II) und auch in die verschiedenen Aussageweisen (Modi: Konjunktiv [Möglichkeitsform], Indikativ [Wirklichkeitsform], Imperativ [Befehlsform]) gesetzt werden.	*ich esse, du isst, er/sie/es isst; wir essen, ihr esst, sie essen, ich hatte gegessen, ich aß, ich habe gegessen, ich werde essen, ich werde gegessen haben, ich äße, iss!*
Konjunktion	Bindewort. Konjunktionen verbinden Satzteile oder Sätze. Dabei drücken sie eine inhaltliche Beziehung aus. Sie sind unveränderlich und können nebenordnend oder unterordnend sein.	*und, oder, aber, sowie; dass, da, weil, nachdem*
Konjunktion, nebenordnende	Diese Konjunktionen verbinden gleichrangige Satzteile oder Sätze.	*und, oder, aber, sowie*
Konjunktion, unterordnende	Diese Konjunktionen leiten Nebensätze ein.	*dass, da, weil, nachdem*
Konsonant	Mitlaut. Ein Laut, der nur mithilfe eines Vokals klingt, heißt Konsonant.	*b, d, f, g, h …*

lauttreues Wort	Bei lauttreuen Wörtern kann jedem Laut ein Buchstabe bzw. eine Buchstabengruppe *(ch, sch, …)* zugeordnet werden. Allein durch genaues Abhören der Laute können diese Wörter richtig geschrieben werden, da sie keine Besonderheiten in der Schreibung aufweisen.	*Hase, Tomate, Gesicht*
Merkwort	ein Wort mit rechtschriftlichen Besonderheiten, die sich nicht mithilfe einer Regel erklären lassen. Die Schreibung muss man auswendig lernen.	*Kaiser (ai statt ei), See (Doppel-e), Snowboard (Fremdwort)*
modifiziertes Diktat	Im Gegensatz zum traditionellen Diktat erhalten die Schüler nach dem Diktieren und Schreiben des unbekannten Diktattextes noch Zeit für eine Überarbeitung. In der Regel darf dabei auch ein Wörterbuch zu Hilfe genommen werden.	
Nachschrift	Im Gegensatz zum Diktat, bei dem ein unbekannter Text diktiert wird, ist ein Nachschriftentext vorab bekannt und geübt. Entweder wird der identische Text oder eine leicht abgeänderte Version diktiert.	
Nebensatz	Nebensätze sind abhängige Sätze, sie werden häufig durch eine Konjunktion eingeleitet. Sie können sie daran erkennen, dass das konjugierte Verb an letzter Position steht.	*Ich freue mich, **dass du mir hilfst. Wenn du dich konzentrierst**, wirst du es schaffen.*
Nebensätze, gleichrangige	Gleichrangige Nebensätze hängen von demselben Hauptsatz ab.	*Ich lobe dich, **weil du dir Mühe gibst** und **weil du fleißig lernst**.*
Nomen	Namenwort, Dingwort, Substantiv. Nomen bezeichnen Lebewesen, konkrete Dinge und abstrakte Begriffe.	*Kind, Deutschbuch, Rechtschreibabenteuer*
Nominalisierung	Bei der Nominalisierung werden Nomen aus einer anderen Wortart, insbesondere aus Verben und Adjektiven, gebildet.	*Sie geht zum **Schwimmen** (nominalisiertes Verb). Sie erlebte viel **Schönes** (nominalisiertes Adjektiv).*

Nominativ	Werfall, erster Fall. Er kann mit „Wer oder was?" erfragt werden.	*der Mann, die Frau, das Kind*
Numerale (Plural: Numeralia)	Zahlwort. Es gibt eine bestimmte oder unbestimmte Zahl oder Menge an.	*sieben Wochen, zwei Stunden; der fünfte Tag; andere Leute, viele Kinder, wenig Mühe; etwas Glück, zahlreiche Beschwerden*
Numerus eines Nomens	Anzahl, Zahl. Der Numerus gibt die Anzahl von Lebewesen, Dingen oder abstrakten Begriffen an. Sie können im Singular oder Plural stehen.	*das Kind (= ein einzelnes Kind), die Kinder (= mehrere Kinder)*
Numerus eines Verbs	Anzahl, Zahl. Die Verbendung ergibt sich aus der Person und dem Numerus. Der Numerus eines Verbs zeigt, ob es einen oder mehrere Handelnde gibt.	*Singular: ich, du, er/sie/es; Plural: wir, ihr, sie*
Objekt	Ergänzung, die nicht im Nominativ steht. Es gibt Akkusativ-, Dativ- und Genitivobjekte, aber auch Präpositionalobjekte (siehe jeweils dort). Auch mit „dass", „ob" oder w-Wörtern eingeleitete Teilsätze können als Objekt verwendet werden. In einem Satz können mehrere Arten von Objekten vorkommen.	*Du zeigst mir dein Diktat („Wen oder was?"). Ich schicke es dem Lehrer („Wem?"). Ich bedarf deiner Hilfe („Wessen?"). Wir freuen uns auf die Ferien („Auf was?"). Wir legen fest, wann du nach Hause kommst. Ich gebe dir („Wem?") dieses Blatt („Wen oder was?").*
Ordnungszahl	Ordinalzahl. Sie gibt eine Position in einer geordneten Menge an.	*das erste Kapitel, das hundertste Mal, der zehnte Teilnehmer*
Partizip	Mittelwort. Bei Partizipien handelt es sich zwar um Verbformen, sie können aber wie Adjektive als Attribute bei Nomen stehen. Es gibt ein Partizip der Gegenwart (Partizip I) und eines der Vergangenheit (Partizip II). Partizipien werden dekliniert.	*der fliegende Teppich, der ruhende Pol (Partizip I); das geparkte Auto, das gesunkene Schiff (Partizip II)*

Person	Die Endung eines Verbs ergibt sich aus der Person und dem Numerus. Es gibt drei Personen, jede davon im Singular und Plural.	*erste Person: ich, wir; zweite Person: du, ihr; dritte Person: er/sie/es, sie*
Personalpronomen	persönliches Fürwort. Es steht als Stellvertreter für Personen, Dinge, Sachverhalte oder Zustände.	*ich, du, er/sie/es, wir, ihr, sie*
phonologische Regelhaftigkeiten	Dazu zählen die Schreibungen von ei, eu, st/sp im Anlaut und qu. Diese Buchstaben werden zwar anders gesprochen, als sie geschrieben werden, die Laut-Buchstaben-Zuordnung ist jedoch nicht willkürlich, sondern regelhaft. Die Schüler müssen bei der Schreibung beachten: „Ich höre /ai/, /oi/, /scht/, /schp/ oder /kw/, schreibe aber *ei, eu, st, sp oder qu.*"	*Eule, Spitze, Stein*
Plural	Mehrzahl	*die Männer, die Frauen, die Kinder*
Positiv	Die meisten Adjektive können gesteigert werden. Die nicht gesteigerte Form wird Positiv (auch Grundform) genannt.	*groß – größer – am größten, der helle Stern, der wichtige Partner*
Possessivpronomen	besitzanzeigendes Fürwort. Es drückt eine Zugehörigkeit aus und beantwortet die Frage „Wessen?". Possessivpronomen werden dekliniert.	*meine Tochter, die Farbe deines Autos, seinem Beispiel folgend, , unser Ergebnis, eure Schuld,*
Prädikat	Satzaussage. Das Prädikat gibt an, was das Subjekt tut oder was geschieht. Hierbei handelt es sich stets um eine konjugierte Verbform. Subjekt und Prädikat stimmen immer in Person und Numerus überein.	*Hans und Lotte wohnen in Berlin. Die Sonne scheint.*
Präposition	Verhältniswort. Präpositionen drücken Verhältnisse aus. Sie beschreiben Beziehungen zwischen den Wörtern und sind unveränderlich.	*auf dem Dach, seit gestern, über den Wolken, wegen einer Baustelle*

Präpositional-objekt	Objekt, dem eine Präposition vorausgeht. Sie können es mit dem Fragewort des Objekts, dem Sie die Präposition voranstellen, erfragen.	*Der Direktor sprach **mit den Eltern** („Mit wem?"). Wir freuen uns **auf die Ferien** („Auf was?").*
Pronomen	Fürwort. Es steht für ein Nomen oder ergänzt dieses. Pronomen werden dekliniert. Es gibt verschiedene Arten von Pronomen, z. B. Demonstrativ-, Indefinit-, Personal-, Possessiv-, Reflexiv- und Relativpronomen (siehe jeweils dort).	***ich, du, er/sie/es; beide, manche; man** sagt; wir hatten **nichts***
Reflexiv-pronomen	rückbezügliches Fürwort. Es wird benutzt, wenn sich die Handlung auf das Subjekt selbst (zurück)bezieht, wenn Subjekt und Objekt also übereinstimmen. Es wird dekliniert.	*Ich putze **mir** die Zähne. Du nimmst **dir** Obst. Er freut **sich**. Wir zanken **uns** nicht. Ihr beruhigt **euch** schnell.*
Relativ-pronomen	bezügliches Fürwort. Es leitet einen Relativsatz ein und verbindet den Nebensatz mit seinem Bezugswort im Hauptsatz. Es wird dekliniert.	*der, die das; welcher, welche, welches*
Relativsatz	ein Nebensatz, der durch ein Relativpronomen eingeleitet wird und sich auf etwas im Hauptsatz Genanntes bezieht.	*Ich schaue auf den Zettel, **den du mir zeigst**. Ich kaufe das Buch, **das du mir empfohlen hast**.*
Silbe, geschlossen	In einer geschlossenen Silbe folgt auf den Vokal ein Konsonant. Der Vokal wird in der Regel kurz gesprochen.	*Som-mer*
Silbe, offen	In einer offenen Silbe folgt auf den Vokal kein Konsonant mehr. Der Vokal wird in der Regel lang gesprochen.	*Blu-me*
Silbenbogen	Mit Silbenbögen lässt sich die Gliederung von Wörtern in Silben optisch darstellen. Der Silbenbogen reicht vom Anfang einer Silbe bis zu ihrem Ende.	*T o m a t e*

silbentrennen-des h	Das silbentrennende h kann mithilfe der Silbentrennung hörbar gemacht werden und steht stets am Anfang der zweiten Silbe.	*ge-hen, ho-he*
Singular	Einzahl	*der Mann, die Frau, das Kind*
Subjekt	Satzgegenstand. Das Subjekt kann mit „Wer oder was?" erfragt werden. Es steht also immer im Nominativ. Als Subjekt begegnen Ihnen meist Nomen, Pronomen und nomina-lisierte Wortarten, aus denen häufig auch Wortgruppen gebildet sind. Es können außer-dem auch Infinitivgruppen und mit „dass", „ob" oder w-Wörtern eingeleitete Teilsätze als Nomen verwendet werden.	***Mozart*** *wurde in Salzburg geboren.* ***Er*** *spielte von Kind an Klavier.* ***Das Lernen*** *sollte dir Freude bereiten.* ***Das Gute*** *gewinnt.* ***Mit dir zu üben*** *macht mir Freude.* ***Dass du immer pünktlich bist***, *freut mich sehr.* ***Ob wir gewinnen***, *hängt auch von unserer Tagesform ab.* ***Was dir passiert ist***, *macht mir Sorgen.* ***Wer nicht fragt***, *bleibt dumm.*
Superlativ	Die meisten Adjektive können gesteigert werden. Die zweite Steigerungsstufe wird Superlativ (auch zweite Vergleichs- oder Höchststufe) genannt.	*groß – größer – am* ***größ-ten***, *der* ***hellste*** *Stern, der* ***wichtigste*** *Partner*
Umlaut	Die Vokale a, o und u können zu Umlauten abgewandelt werden.	*ä, ö, ü*
Verb	Tätigkeitswort, Tunwort, Zeitwort. Verben be-schreiben Tätigkeiten (Handlungen) oder Zu-stände. Sie werden konjugiert und können in verschiedene Zeiten gesetzt werden.	*essen, ich esse, du hast ge-gessen, er/sie/es aß; wir hatten gegessen, ihr werdet essen, sie werden gegessen haben*
Verbstamm	Der Verbstamm ist das, was vom Infinitiv üb-rig bleibt, wenn die Endung -en weggestri-chen wird.	***ess****en,* ***lauf****en,* ***schlaf****en*
Vokal	Selbstlaut. Ein Laut, der für sich selbst klingt. Dieser kann entweder durch einen oder durch zwei Buchstaben dargestellt werden.	*a, e, i, o, u; ä, ö, ü; au, eu, ei, ai, äu*

Vokal, einfacher	einfacher Selbstlaut	*a, e, i, o, u*
Wortstamm	Wörter werden aus dem Wortstamm aufgebaut, indem an diesen Vor- und Nachsilben sowie Endungen angehängt werden. Manchmal werden Vokale dabei verändert.	*Aus**dehn**ung, **dehn**bar, **deh**nen, ge**dehn**t; Be**haar**ung, be**haar**t, **haar**en, **haar**ig; **Klass**e, erst**klass**ig, Vor**klas**se, Erst**kläss**ler*
w-Wörter	Fragewörter beginnen mit einem w und werden deshalb w-Wörter genannt. W-Fragen beginnen mit einem w-Wort.	*wer, was, wo, wann, warum, weshalb, welcher, wovon, womit*
Zusammensetzung	zusammengesetztes Wort, Kompositum. Zwei oder mehr eigenständige Wörter (bzw. Wortstämme) werden zu einem neuen Wort zusammengefügt.	*Haus + Tür = Haustür*

Literatur zum Weiterlesen

Bredel, Ursula; Reißig, Tilo (2011): Weiterführender Orthographieerwerb. Baltmannsweiler: Schneider.

Leßmann, Beate (2013): Individuelle Lernwege im Schreiben und Rechtschreiben. Teil II: Klassen 3 bis 6. Ein Handbuch für den Deutschunterricht. Heinsberg: Dieck-Verlag.

Mann, Christine (2010): Strategiebasiertes Rechtschreiblernen. Selbstbestimmter Orthografieunterricht von Klasse 1–9 [für Grundschule und Sek. I]. Weinheim [u.a.]: Beltz.

Melenk, Hartmut (2001): Kommasetzung und Grammatikkenntnisse. In: Melenk, Hartmut/Knapp, Werner (Hrsg.): Inhaltsangaben – Kommasetzung. Schriftsprachliche Leistungen in Klasse 8. Baltmannsweiler: Schneider, S. 169–188.

Menzel, Wolfgang (2012): Anstelle von Diktaten. Möglichkeiten der Überprüfung von Rechtschreibkompetenz. Braunschweig: Westermann.

Möckel, Andreas; Breitenbach, Erwin; Drave, Wolfgang; Ebert, Harald; Bolkart, Martin (Hg.) (2004): Lese-Schreibschwäche. Vorbeugen, Erkennen, Helfen. Würzburg: Ed. Bentheim.

Müller, Astrid (2010): Rechtschreiben lernen. Die Schriftstruktur entdecken – Grundlagen und Übungsvorschläge [mit CD-ROM]. Seelze: Kallmeyer in Verbindung mit Klett.

Pießnack, Christian/Schübel, Adelbert (2005): Untersuchungen zur orthographischen Kompetenz von Abiturientinnen und Abiturienten im Land Brandenburg. In: Fachdidaktik (Hrsg.): Zentrum für Lehrerbildung. Potsdam: Univ.-Verlag, S.50–73.

Reber, Karin (2009): Prävention von Lese- und Rechtschreibstörungen im Unterricht. Systematischer Schriftspracherwerb von Anfang an. München, Basel: Reinhardt.

Siekmann, Katja (2011): Der Zusammenhang von Lesen und (Recht-)Schreiben. Empirische Überprüfung der Transferleistung zwischen der rezeptiven und der produktiven Fertigkeit. Frankfurt am Main, New York: Peter Lang.

Spiegel, Ute (2006): Richtig Schreiben. Grundlagen und Strategien. Übungen für die 2.–4. Klasse [Rechtschreibreform 2006]. Berlin: Cornelsen Scriptor.

Thomé, Dorothea/Thomé, Günther (2010): Ratgeber Rechtschreibprobleme, LRS/Legasthenie. Erfahrungsberichte, Perspektiven, Auswege. Oldenburg: isb.

Thomé, G. (2008): Transfer-Effekt überschätzt: Ergebnisse aus der DESI (Deutsch–Englisch-Schülerleistungen-International)-Studie über den Zusammenhang von Lesen und Schreiben. In: Praxis Deutsch, 35. Jg., H. Juli, S. 58–59.

Valtin, Renate (Hg.) (2000): Rechtschreiben lernen in den Klassen 1–6. Grundlagen und Hilfen. Frankfurt am Main: Grundschulverband Band 109.

Wedel-Wolff, Annegret von (2003): Üben im Rechtschreibunterricht der Grundschule. Systematische Vorschläge für die Klassen 2–4. Braunschweig: Westermann.